全面均衡管理系列丛书③

STAR

星标准 心服务

许景宏◎著

中国财富出版社

图书在版编目（CIP）数据

STAR：星标准 心服务／许景宏著．—北京：中国财富出版社，2013.10

（全面均衡管理系列丛书）

ISBN 978-7-5047-4915-4

Ⅰ.①S… Ⅱ.①许… Ⅲ.①服务业—企业管理—研究 Ⅳ.①F719

中国版本图书馆 CIP 数据核字（2013）第 228163 号

策划编辑	范虹轶	责任印制	方朋远
责任编辑	丰 虹	责任校对	饶莉莉

出版发行 中国财富出版社（原中国物资出版社）

社 址 北京市丰台区南四环西路 188 号 5 区 20 楼 邮政编码 100070

电 话 010-52227568（发行部） 010-52227588 转 307（总编室）

010-68589540（读者服务部） 010-52227588 转 305（质检部）

网 址 http：//www.cfpress.com.cn

经 销 新华书店

印 刷 北京京都六环印刷厂

书 号 ISBN 978-7-5047-4915-4/F·2025

开 本	710mm×1000mm 1/16	版 次	2013 年 10 月第 1 版
印 张	10.25	印 次	2013 年 10 月第 1 次印刷
字 数	124 千字	定 价	28.00 元

前　言

2012年12月12日，国务院印发《服务业发展“十二五”规划》。规划提出，到2015年，服务业增加值占国内生产总值的比重较2010年提高4个百分点，服务业成为三项产业中比重最高的产业。这是我国首个关于服务业的专项规划，而此前发布的国家“十二五”规划也有一整篇内容专门讨论服务业。发展服务业已经成为我国产业结构优化升级的战略重点，服务业也将成为未来中国经济增长的新引擎。我有幸成为这个服务业大发展时代的见证者、参与者和贡献者。我先后管理的两家企业都隶属于服务业领域，在不断摸索、实践、调整、改进的过程中它们也都成长为行业的标杆企业。

服务质量是服务业企业管理的核心，优质的服务是赢得客户满意和客户忠诚的不竭源泉。在过去20年中，服务质量也一直是国内外有关服务领域问题研究的核心。国外学者对服务质量概念的界定、服务质量的结构、服务质量差距模型、服务质量评价方法及其相关问题进行了大量有价值的研究。国内对服务质量的研究也很多，但大多停留在宏观层次的服务产业结构分析、行业服务质量标准体系上，服务质量研究的知识领域、有关构建适用于企业的服务质量管理体系和建立企业服务标准体系的研究尚显不足，缺乏对企业服务质量管理实践的指导力度。研究服务质量最终的目的是提高服务质量，因此企业运营中的服务质量管理模式就成了各类理论实践的最终载体。

本书是对过去的十几年，我和我的同事们管理服务业企业、研究服务质量管理模式的一次经验梳理和理论总结。在企业不断重复提供服务的过程中，我们发现和抽象出保证服务质量的规律与方法，并将此方法总结归纳，从而形成了一套针对服务质量的管理方法论，即本书的核心理论，服务质量管理模式——STAR 服务模式。

作为全面均衡管理系列丛书的第三册，本书较之前两本通用的管理方法，更加聚焦于服务业企业。书中记录了 STAR 服务模式从思想萌芽到经历实践检验，再到最终理论完善的全过程，阐明了企业如何从客户价值主张的角度设计、管理、评价、改进自己的服务，以保证优质的服务质量。STAR 服务模式的核心是 STAR 服务标准，但要强调的是，每个行业、每个企业都有自己独特的经营环境，一刀切地要求统一服务质量标准是不现实的，也没有必要。本书不是想展示一个统一的、合理的服务标准，而是意在告诉大家，如何制定一套属于自己企业的服务标准，并通过制定和管理此套标准，达到规范服务行为、提升组织效率、降低管理成本、避免服务差错的目标，进而提升企业服务质量的管理方法。

本书前四章以理论发展的顺序展开描述，通过故事、理论、案例的形式，向读者介绍 STAR 服务模式中的各种工具、方法、思想的产生背景、内在逻辑和应用效果；第五章对前四章的描述进行总结与提炼，系统介绍 STAR 服务模式的理论、工具及应用步骤；第六章介绍了一个完整的实践 STAR 服务模式的案例。

谨以此书献给所有奋战在一线服务业企业的管理者，希望能够为大家的工作带来一点点启发，提供一点点借鉴。

许景宏

2013 年 6 月

目录
CONTENTS

第一章

STAR是“星”，服务需要星级标准

企业怎么满足客户需求

2008 年，我所管理的企业获得了国内卓越绩效的最高奖项——全国质量奖。而这段全面导入“卓越绩效”管理模式的经历，帮助企业的各级管理者对“卓越绩效”有了深刻的认识。荣誉不过是一时的，但日常的管理是持续不断的，卓越绩效管理模式的导入，为我对企业服务模式的思考开了一个头。

卓越绩效评价准则借鉴了国内外卓越绩效管理的经验和做法，结合了我国企业经营管理的实践，从“领导、战略、顾客与市场、资源过程管理、测量、分析与改进、结果”七个方面规定了组织卓越绩效的评价要求，为组织追求卓越提供了自我评价的准则，同时也作为卓越绩效国家质量奖的评价依据。

而在企业深入研究卓越绩效模式时，管理者很快就会发现：卓越绩效七个方面的要求非常明确，但它不会给出企业如何达到这些要求的标准路径。而企业管理者要做的就是根据每个企业不同的内外部环境，建立企业独特的管理体系来支撑和完成卓越绩效的七个方面要求。就服务业企业来说，企业管理的主要出发点，就是了解客户的价值主张、提供符合客户价值主张的优质服务。这和上述七个方面中的两个——客户与市场、资源过程管理不谋而合。

跳脱出具体的业务服务的视角去看，客户到底要什么？他们最关心什么？企业提供什么样的服务，客户才真正满意？怎样才能让企业自上而下地做到提供持续稳定的、保质保量的服务，还能不断根据客户需求，不断改善服务，提升服务过程的客户体验？这是市场竞争环境下，服务类企业在发展过程中需要不断去思考、定位和确认的问题，相信也是无数企业管理者不断思考的问题。

你所在的企业是如何回答这些问题的？

大街小巷里的一个餐馆、一个药店，如今也贴上了“顾客至上，保证满意”这样的口号，以标榜自己的服务理念；各个城市的 CBD 中心区，一个大型企业，一个集团公司，更不乏提出“赢在服务”“以客为尊”的服务指导思想。

而这些口号、思想的真正实施，都需要先回答一个问题：客户满意的服务是什么？答案是因客户而异的。不同的企业对“客户满意的服务是什么”会有不同的回答，甚至同一个企业的不同服务过程也会对“客户满意的服务是什么”给出不同的答案。

有人认为，确定服务质量目标之后就万事大吉了，管理者要求员工按照目标要求做，做不到的就用考核说话。但这很容易获得这样一个结果——员工有可能因此缺乏被尊重和被支持的感受，从而把情绪反馈到服务客户的层面，带来意想不到的客户不满。用一句时髦的话来说，就是“理想很丰满，现实很骨感”。

因此，有了服务质量目标是不够的，管理者还有一个步骤需要完成——考虑需要员工怎样做，去实现这些目标。

在我所管理的企业里，对于服务的思考，就起源于这些现实的状况。在近五年的服务管理尝试中，最终形成了适用于企业自身的“STAR 服务模式”。它是一套既可以帮助企业明确服务质量目标，又能够指导企业实现目标的服务管理模式。具体表现为以下四个方面。

一、规范服务行为

STAR 服务模式会帮助企业规范工作流程、服务行为，在客户界面，表现为安全、可以预知、值得期待的双方互动。实践中，哪些服务节点可以不做、哪些可以合并、哪些可以优化，对每一个服务节点的分析都是科学论证的过程，每个点的规范最终会完善整个企业服务管理的基础。

二、提升组织效率

STAR 服务模式所做的工作，目标都是为了能够实际的应用，而服务模式也要求搭建信息化的服务管理平台。企业管理者可以把先进的管理思想和方法通过它来落实，而信息化平台也会让改变员工的行为这个老大难问题变得不再困难，变得更快捷、更有效。

三、降低管理成本

STAR 服务模式能够有效解决日常管理问题，降低管理成本。它能够帮助员工明确工作目标，了解工作内容，建立工作计划，监督工作进展，考核工作结果。管理者可以腾出更多的精力，思考如何更好地服务客户。

四、改进服务问题

STAR 服务模式会产生标尺效应，不断暴露业务问题与服务缺陷，并解决问题。它会使员工的工作变得透明，再不会出现只有等到客户投诉，管理者才能发现问题的被动情况。

以满足客户需要为重要的出发点，企业对于 STAR 服务模式的探索的第一步，就是明确服务质量的维度——知道客户到底要什么？客户的满意来自哪里？

客户到底要什么

服务质量 Service Quality 是指服务能够满足规定和潜在需求的特征和特性的总和，是指服务工作能够满足被服务者需求的程度，是企业为使目标客户满意而提供的最低服务水平，也是企业保持这一预定服务水平的连贯性程度。服务业的特殊性质决定了在服务产品本身的设计、服务提供系统的设计、服务提供过程的控制等方面，都有别于其他的有形产品。由于服务的差异性使服务管理者在生产、传递及消费过程中很难对服务质量实现标准化的控制和管理。

对服务业企业而言，质量评估是在服务传递过程中进行的。每一次的客户接触都是一个使客户满意或者不满意的机会。客户对服务质量的满意可以定义为：将对接受的服务的感知与对服务的期望相比较。当感知超出期望时，服务就是有质量的。当没有达到期望时，服务质量即是不可接受的。服务质量的要素按客户感知的相对重要性由高到低可总结为五项：可靠性、响应性、保证性、移情性和有形性。可靠性是可靠地、准确地履行服务承诺的能力。响应性是指帮助客户并迅速提供服务的愿望。保证性是指员工表达出的自信与可信的知识、礼节和能力。移情性是设身处地地为客户着想和对客户给予特别的关注。有形性是指有形的设施、设备、人员和通信器材[①]。

客户从这五个方面将预期的服务和接受到的服务相比较，最终形成自己对服务质量的判断（详见图1－1）。

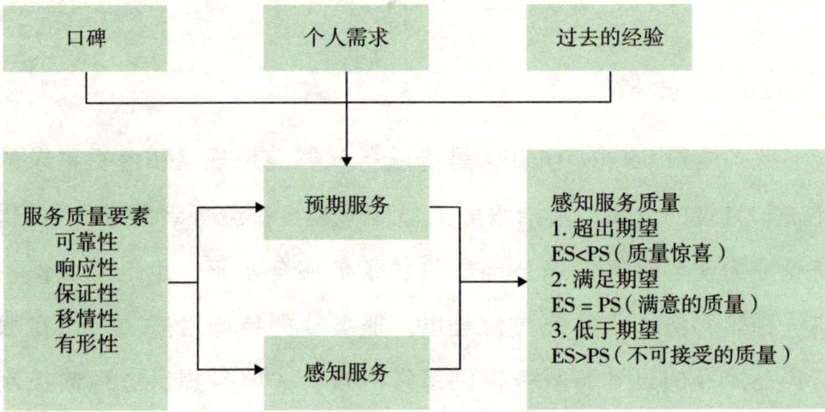

图1－1　服务质量感知模型[②]

从图1－1可以看到，客户感知服务质量的模型就是一个不等式方程，我把它简化为了服务的“期望方程式”（详见图1－2）。期望方程式，两边都是函数，要达到感知超出期望的平衡状态无非就是调整两边。一边是提高服务质量让客户有很好的感知，一边是降低客户预期让一般的感知能超出客户预期。通过规范的服务行为获得

① A. Parasuraman，V. A. Zeithaml，and L. L. Berry，“SERVQUAL：A Multiple－Item Scale for Measuring Consumer Perceptions of Service Quality，” Journal of Retailing 64，no. 1 (Spring 1988)，pp. 12－40.

② A. Parasuraman，V. A. Zeithaml，and L. L. Berry，“A Conceptual Model of Service Quality and Its Implications for Future Research，” Journal of Marketing 49，Fall 1985，p. 48.

客户的信任，实时地与客户沟通，将客观的困难和问题及时告知，这样就降低了客户期望值。在这种客观情况的限制下，仍然不断努力地追求更好的结果、提供更好的服务，就能够达成客户理解，进而获得客户的满意。

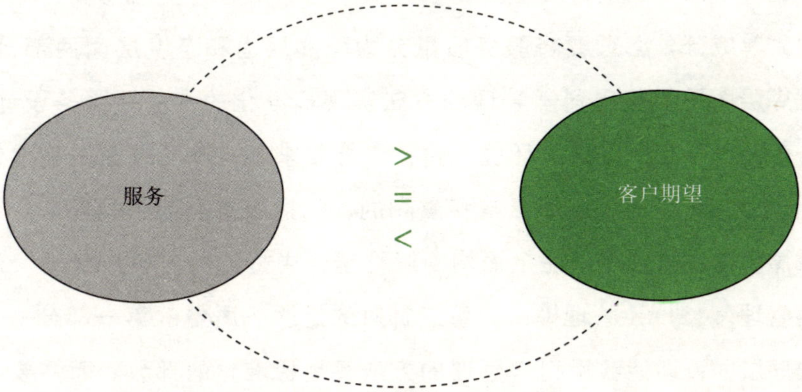

图 1－2 期望方程式

因为服务质量是客户主观感受的结果，而服务质量要素①是从客户如何评估服务质量的角度归纳的。基于此质量要素的评价体系，可以很全面地反映服务质量的优劣，但是这种包含客户主观感受的质量要素，只能被评价，不能被管理。企业管理者只能通过服务管理领域的其他方法，来间接地改善评价不良的服务质量点，而很难直接针对质量评价结果进行管理。故我认为 PZB 服务质量因素模型对服务业企业做好服务质量的管理工作指导性偏弱。企业希望有更加务实的理论研究，即从服务业企业角度出发分析服务质量特性，结论能够指导服务业企业管理者从服务质量不良点来加强服务质量

① 服务质量要素，即服务质量的分类描述，被管理者用来测量、评价服务质量。

的管理。

基于以上的理论研究和实践思考，我认为要实现服务质量标准化的控制和管理，就必须区分开服务质量评价中的主观感受部分与客观标准部分。因为服务质量评价都是围绕着客户需求的满足来定义的，所以提到服务质量就离不开其中包含的客户主观感受、心理要素等成分，必须要将服务质量分为程序层面和态度层面两部分。程序层面是能够用科学管理的方法实现标准化的，包括服务设计、服务流程、组织支持、环境支持、监督要求等；态度层面是需要使用企业文化和工作氛围影响和熏陶的，包括服务心态、同理心、荣誉感。这也契合了我在全面均衡管理理论中提到的“铁的纪律，爱的管理”。STAR 管理模式，重点针对的是服务质量的第一部分——程序层面，即能够用科学管理的方法实现标准化的部分。而需要企业文化影响的部分，我将会在全面均衡管理系列丛书后续的企业文化相关书籍中详述。

回顾开篇的问题，客户到底要什么？企业日常所做到的服务里，客户真正要的是哪些？不妨先看看这个来自现实生活的故事。

李吉祥的假期

李吉祥新婚不久，老家的亲戚给他带来了一大包家乡的特产，李吉祥想着借此机会孝敬孝敬岳父母，准备把特产快递到外地岳父母家里。李吉祥选择了一家规模大、知名度高的快递公司，希望快点寄出特产，并避免得到态度恶劣的服务。

周六早上九点，李吉祥就打了国内某知名快递公司的服务电话预约上门取件。客服女士声音甜美、态度礼貌，她告知李吉祥公司业务分区管理，需拨打地区分公司电话才能预约上门。李吉祥记了分公司电话，继续打电话预约，分公司的客服态度也非常好，约定当日下午六点前上门取件。然而，李吉祥整整等了一天也没见有人来取件。

周日早晨，李吉祥强压着怒气，打快递分公司电话质问客服，客服立刻诚恳地表示了十二万分的歉意，说快递员业务太繁忙有漏单的可能，可以马上再预约今天取件。而此时，李吉祥已经很难相信客服的话了。电话那头，客服甜美的声音无奈地说着：“我们和快递员属于不同部门，控制不了快递员的工作，我们只能帮您再约今天，但真不敢保证快递员一定能取件。最好的办法是，您亲自打电话催快递员上门取件。"

事已至此，李吉祥只好接受了这个办法。但直到假期过去，快递员也没有上门。李吉祥忍不住念叨："态度再好，没满足我快递的需求，我也一样很不满意！这年头，我得上哪儿找让我满意的服务啊？"

请思考：故事里，到底怎样的服务才能让李吉祥满意？

可以想象，李吉祥渴望的满意服务，第一要求及时，及时地上门取件，及时地快递到位；第二要求安全，快递物品的安全；第三要求经济，更经济的价格，更增值的服务；第四要求准确，服务信息的准确，快递收取的准确。

物流企业服务质量要素如此，那码头企业呢？码头企业的服务质量，第一要求安全，操作安全，人员安全，货物安全；第二要求及时，及时装卸货物，保证船期；第三要求经济，更经济的价格，更优质的服务；第四要求准确，信息准确，货物装配准确。

到更广泛的领域，比如餐饮服务业、电信服务业、旅游业等，是不是都可以从安全、及时、经济、准确四个维度去满足客户对服务质量的要求呢？

在我所管理的企业里，针对上述问题有过这样一次探讨：所有的因素都和安全有关，安全是企业要的最终结果。而企业用什么来达到安全？那就是要按预先制定好的规范操作，按标准的流程执行。因此，在管理实践中，企业开始尝试用规范性替代安全性因素，把客户对服务的需求，内化到企业服务质量的管理上，提炼形成规范性、及时性、准确性、经济性四个因素。

规范性（Standardization）、及时性（Timeliness）、准确性（Accuracy）、经济性（Right Cost）四个因素的首字母组合，恰恰是一个便于记忆并且对服务企业极富意义的单词——星（STAR）。它既是企业为客户提供星级服务的愿望表达，也是企业服务达到星级标准的理想追求，STAR 以及 STAR 服务标准[①]的雏形就此产生，4 个因素在企业里，开始了一轮又一轮的试练、磨合与完善（详见图 1－3）。

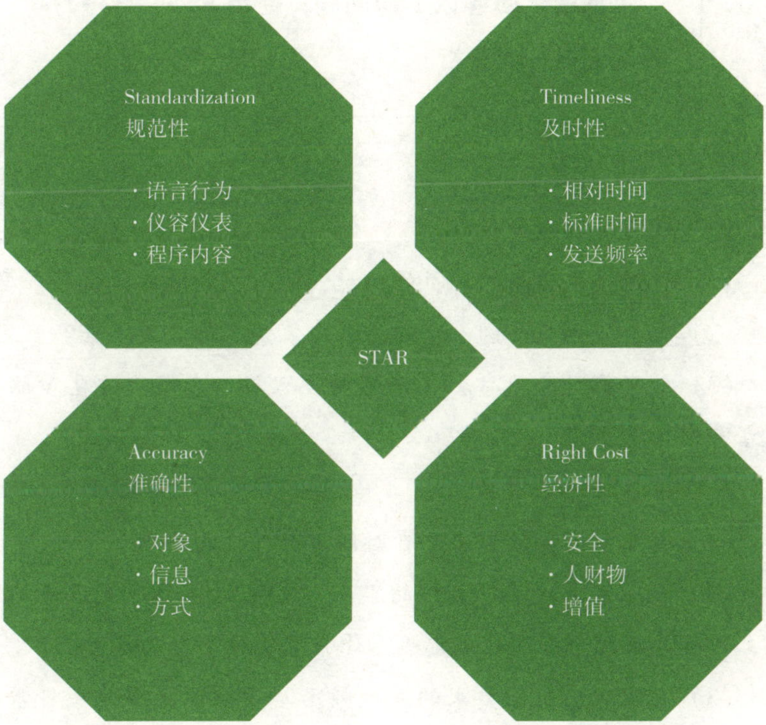

图 1－3　STAR 工作地图——STAR 服务标准 4 个因素

① STAR 服务标准是规定服务应满足的要求集合，是 STAR 服务标准体系中的具体标准。详见第五章 STAR 服务模式理论介绍。

STAR 服务标准的4个因素，在管理实践中，最后形成了如图1－3所示的4个因素、12个维度——STAR 工作地图。在后续多年的管理实践中，即使我所管理的企业已有所不同，但规范、及时、准确、经济4个因素，却是在这些企业服务质量的管理上屡试不爽的维度。

你所在的企业对服务质量有什么具体要求吗？

请尝试回答以下的问题，使用 STAR 工作地图做一次分析。

1. 关于服务的规范性

（1）你对提供服务的人员的所说、所写、所做有什么要求吗？

（2）你对提供服务的人员的着装与装饰有什么要求吗？

（3）你了解服务项目会包括哪些步骤与内容吗？这些步骤与内容有相关规范吗？

2. 关于服务的及时性

（1）你对开始和结束服务在时间上有怎样的要求？

（2）在正常条件下，熟练的服务人员保质保量地完成基本服务工作所需的时间有明确规定吗？你希望的服务时间是多长？

（3）你对这项服务要求的发生频率是多少？是否属于日常性的，或者周期性的？

3. 关于服务的准确性

（1）这项服务的互动方都有哪些？如何保证互动内容的准确性？

（2）服务过程需要传递哪些信息？如何保证它的准确性？

（3）服务提供者以及使用的资源工具的要求是什么？

4. 关于成本与回报，确保安全地提供服务

（1）这项服务会对信息、人的安全有什么影响？如何进行安全性保障？

（2）如何使服务消耗的人财物成本最低？有哪些可操作的方法？

（3）提供服务的过程中，有哪些点可以为客户提供增值或增值感受？

STAR 工作地图是构建 STAR 服务模式的核心工具，它给管理者在服务基本单元——服务行为①和服务要素②质量上，形成一种结构性思考，在做到服务质量的标准化与规范化方面功不可没。上述问题，正是结构化的服务思考点，具体来说，各因素的概念如下。

一、规范性（Standardization）

规范性要求服务行为要具有规范的语言（说与写）、行为、仪表和环境，清晰的操作流程和明确的操作内容，制订 5W2H 服务标准，包括规范、清晰的操作步骤与操作内容（详见表 1－1）。

① 服务行为是为客户提供有价值的输出，并且具有独立意义，通常是由一个岗位完成的最小服务单元（过程）。详见第五章 STAR 服务模式理论介绍。

② 服务要素是对客户服务过程中某一类技术要求的要素分解。详见第五章 STAR 服务模式理论介绍。

表 1-1　　　　STAR 工作地图——规范性

维度	要求
语言行为	规范的语言（说与写）和行为表现
仪容仪表	规范的仪容仪表（包括着装和装饰）
程序内容	5W2H 服务标准（规范、清晰的工作流程、操作步骤与内容）

二、及时性（Timeliness）

它要求服务行为应根据客户需要、竞争需要和管理需要，制订出标准服务时间（包括指定任务完成时间；在正常条件下，熟练工作者保质保量地完成服务工作所需时间；单位时间内的工作量或相同活动的间隔时间），并在标准时间内完成服务流程和客户委托，要求服务者在服务点、线、面内与关联者及客户协同与互动（详见表 1-2）。

表 1-2　　　　STAR 工作地图——及时性

维度	要求
相对时间	在指定的时间完成指定的任务
标准操作时间	在正常条件下，熟练工作者保质保量地完成基本服务工作所需的时间（三个驱动因促使其提升：客户需求驱动、市场竞争驱动和管理驱动）
频率	相同活动的间隔时间

三、准确性（Accuracy）

它要求服务行为要准确把握客户需求，及时、准确提供和传递客户所需信息，保质保量、安全无误地完成客户委托（详见表 1-3）。

表 1-3　　STAR 工作地图——准确性

维度	要求
对象	准确把握互动对象，保证沟通渠道畅通（通常是指一个服务点/要素的互动方）
信息	保证收集信息、传递信息的准确性（通常是指服务行为/要素过程中需要的信息与资源）
方式	采取准确的方法，在正确的位置上，使用准确的工具为客户提供服务（也包括工具资料等需放置在准确的位置上）

四、经济性（Right Cost）

经济性是指服务行为要树立成本意识，保证客户的信息安全，合理控制财务成本、物料成本和人工成本，或者在一定成本下为客户提供增值服务。实际上，Right Cost 直译是"恰当的费用"，这也直接指明了 STAR 在"经济性"上的理念——费用太高会增加客户的物流成本，服务者将失去竞争力；费用太低会导致服务不足和缺陷，从而降低客户满意度，服务者同样会失去市场竞争力（详见表 1-4）。

表 1-4　　STAR 工作地图——经济性

维度	要求
安全	为客户提供事前、事中、事后的风险识别、防范和转移，为客户节省在安全投入上的成本支出
人财物	合理控制财务成本、物料成本和人工成本，在服务行为/要素使用资源时要有足够的成本意识
增值	在传统服务上尽量降低成本，为客户增值；在传统服务外，为客户提供有偿的增值服务

先有规矩，才有方圆

古人说：“无规矩不成方圆。”讲的就是规则、标准是形成结果的必备条件。在服务质量上，管理者首先需要面临这样一个问题：服务质量在你所管理的企业里，怎样才算有“规矩”？怎样协调所有的员工做出“方圆”？

在我所管理的企业里，STAR 工作地图的 4 个因素、12 个维度，是服务质量的管理框架，也是回答上述问题的出发点。当企业把其中的每一个因素都视为一个管理的着力点，那么服务质量的管理框架就开始转向实操。

可以预见的是，每一次管理思想到管理实践的蜕变，将集中管理团队一次又一次的自问、反问甚至质疑。STAR 工作地图从管理框架转变为实操，迫切需要的是每一项服务行为的标准化。此时，我选择了一种类似头脑风暴的方式，组织所有中层管理者和各业务节点的骨干，仔细思考这样一个问题：“你认为你的工作中重要的业务动作、业务节点是什么？”这不是一个只需要回答一次的问题，而是一个将被不断深挖的问题。“业务节点是什么”的背后，是对每一个业务具体动作的描述、四维度的分析拆解。这样的过程，让很多关键业务节点有效地显现在管理者面前，企业至此，才有了更进一步的量化基础，包括这些节点由哪些服务行为组成、需要哪些服务要素支持等。

企业实践中，管理者可以用 STAR 工作地图这一工具，分析关键的服务行为和重要的服务要素，提出具体的质量要求，当管理者与客户根据质量要求做出评价之后，又可以直接针对评价结果进行服务质量的管理干预。这就让服务质量变得可衡量、可管理。在此，值得注意的是，服务行为、服务要素是 STAR 服务标准中的定义，服务行为关注服务的过程，服务要素关注服务的客观资源，后续章节将有详细的定义描述。

服务行为与服务要素是应用 STAR 工作地图的基本单元，对各个服务行为与服务要素进行标准化的定义与说明，为各类针对服务质量的管理工作打下了坚实的基础，并有效提升标准化的可操作性。

在实际工作中，我所管理的企业通过 STAR 工作地图定义了 50 余个服务行为和服务要素。下面举出 3 个最常见的服务行为与要素，大部分的服务企业都会涉及这三个点，包括企业对客户投诉受理、收发邮件及办公用品摆放的规范。

示例 1：

编号	服务行为	服务领域
1	客户投诉受理	客户服务管理—满意度管理

1. 目标与宗旨

为了维护公司信誉和良好形象，按照首问负责、迅速处理的原则，认真受理客户投诉，以提高客户服务水平。

2. 规范性要求

（1）语言行为规范：

- 使用礼貌语言，避免出口伤人；

● 心平气和，态度诚恳，无论投诉人何种态度，切忌与之争辩、顶撞；

● 认真倾听，充分理解客户的情绪，并安慰客户，给予客户足够的重视；

……

(2) 程序内容规范：

● 接受客户投诉后首先向客户致歉，使用“对不起，让您生气了”“对不起，给您带来了麻烦”等语言安抚客户情绪；

● 当客户上门投诉时，需邀请投诉者到接待室或办公室坐下来慢慢谈，并根据投诉者的需要提供相应饮品，如水、咖啡、茶等；

● 认真、耐心聆听投诉者的倾诉，认真做好客户投诉记录；

……

3. 及时性要求

(1) 客户投诉能当场解决的应立即为客户解决，不能马上解决的应在三个工作日内给予回复；

(2) 接受客户投诉后的1小时内将客户投诉记录递交到相关部门或上级主管；

……

4. 准确性要求

通过客户投诉记录的认真填写、保证传递给相关部门及领导的投诉信息的准确性；

……

5. 经济性要求

以真诚的态度和信息的及时传递与反馈来赢得客户的谅解，减少公司的信誉损失和人工成本；同时要保证投诉者信息只能让相关人员知道。

示例1描述的“客户投诉受理”工作中的具体操作步骤，是一个服务行为。而服务要素则是支撑服务行为的资源要素，它不仅有对资源的要求，也包含员工基本行为的要求。STAR工作地图在对服务要素进行标准化的定义与说明时，一样简单有效，具有好的可操作性。

示例2：

编号	服务要素	技术领域
1	收发邮件	沟通机制

1. 目标与宗旨

为了保证公司员工能够规范使用电子邮箱，依据职业化与专业化要求，制定电子邮件收发规范，塑造公司良好的对外沟通形象，从而提高客户服务水平。

2. 规范性要求

（1）语言行为规范：

语言流畅：邮件内容简明扼要，避免使用生僻字、异体字，禁止使用表情字符等。

……

（2）程序内容规范：

- 发件人格式，Penavicotj/中文姓名 英文姓名；
- 主题栏：简练、明确地概括邮件的内容，重要、紧急、机密的邮件请在主题中注明“重要”“紧急”“机密”字样；

……

3. 及时性要求

（1）每日到岗后即刻打开信箱处理邮件，在岗时始终保持邮箱处于开放状态；

(2) 收到邮件后按照优先级别进行回复处理，需马上回复的立刻回复，如不能马上回复的标记为“未处理”，所有邮件必须在一个工作日内给予回复；

……

4. 准确性要求

(1) 准确把握邮件主题，保证邮件内容清晰，不会引起异议；

(2) 邮件收发双方就同一问题的交流往复超过3次时，应改用电话、MSN、面谈等其他沟通方式进行交流；

……

5. 经济性要求

(1) 发送邮件时先写邮件内容，后添加收件人，并在发送前确认收信对象及其邮箱地址正确；

(2) 发送敏感或机密信息须小心谨慎，切忌随意将内部消息泄露给无关人员。

示例3：

编号	服务要素	技术领域
6	办公案物品摆放	环境设施

1. 目标与宗旨

为了保证办公桌面的干净整齐，提升员工及客户对办公、服务环境的良好感受，按照整理、整顿、清扫、清洁、素养的5S原则。

2. 规范性要求

（1）办公桌最短挡板一侧下方放置抽屉柜；

（2）电脑放置于办公桌中间拐角处，显示器、键盘、鼠标保持整洁无灰尘；

（3）文件架放置于办公桌有抽屉柜一侧的靠挡板部位，放经常使用的文件资料……

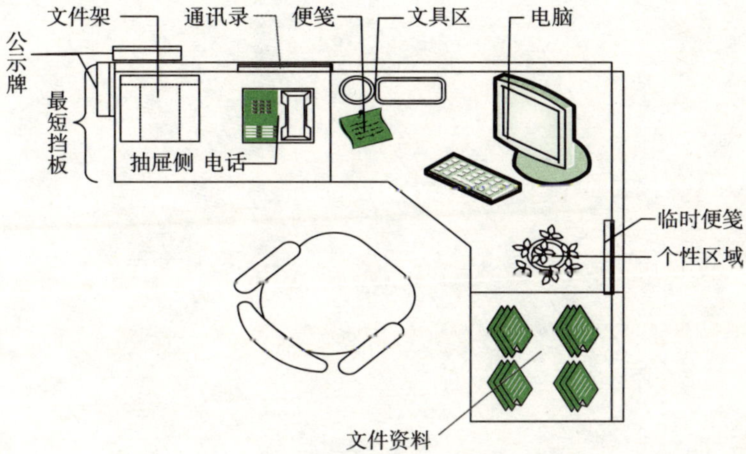

办公桌物品摆放示意图

3. 及时性要求

（1）每日离开办公室不再回来时应按照规范要求将桌面收拾整齐；

（2）每周五下午进行桌面大扫除，将一周的文件资料进行整理归档。

4. 准确性要求

将正确的物品放置于规定的位置。

5. 经济性要求

(1) 通过规范办公桌物品摆放，有效提高工作效率，从而降低工作成本；

(2) 通过规范办公桌物品摆放保持办公桌面的干净整齐，提升客户对服务环境的良好感受，从而提高客户对服务的满意度。

从应用到理论的第一次回归

随着STAR工作地图的深入应用，我所管理的企业在服务上，得到了企业内部和客户的一致认可，服务行为节点的服务质量以及服务质量的一致程度开始趋于稳定。但是，一些具体问题，也实实在在地出现了：

第一，从基层服务执行者的反馈来看，企业初步推行时STAR更像口号。怎样才能解决理论落地还缺乏成型方法的问题？

第二，STAR工作地图所涉及的服务行为节点中，获得成熟运用的节点在初期相对零散，企业更需要明确的是，怎样推动STAR工作地图在企业里的系统运用？

作为管理者，这些问题，让我开始考虑：

- STAR工作地图是否能够应用到所有服务相关领域？
- 可以应用到什么程度？

第二章

服务标准化，标准体系化

建立一个全员、全过程和全面的服务质量管理体系

随着 STAR 工作地图的应用，当年下半年，我所管理的企业因业务量增加显著，业务部门多次提出人员紧张，需增加人手的要求。那么，人少真的就是问题的症结所在吗？

为此，当时企业的业务部门，成为了第一个运用 STAR 工作地图尝试服务工作分析的部门。业务部门的整理档案工作很烦琐，每天有几千张单据需要先按照单据编号整理一遍，然后再按照客户方的专用编号整理一遍，相当耗时。为此，业务部门由三个人专门负责每天单据整理，依然觉得压力很大。针对整理档案这一服务行为，业务部门从经济性、及时性、准确性、规范性 4 个因素做了一次目标与行为原因的深挖。

◆ 档案整理为客户创造了什么价值？

◆ 付出了多少成本？

◆ 客户对这项工作在时间上有什么要求？

◆ 提供服务的频率是多少？

◆ 客户要求以什么方式提供信息查询服务？

◆ 档案整理与查询有没有标准的流程？

业务部门得到的答案是：这是一项客户服务信息存档工作，为的是方便客户随时查询相关信息，针对客户投诉，可追踪相关信息。客户对服务时间没有具体要求，一般一年只有几次的查询需要，每次查询也不是紧急情况。客户不会自己查询，都是提出需求，由整档人员查询并提供相关单据。标准的流程就是按照单据号、专业号分类归档，分类查询。

根据以上的分析，业务部优化了整档方式，采取按照日期归类，每天的几千张单据统一归入当天的档案中。因为客户查询需求很少，而且对于查询时间要求不高，一旦客户需要查询，直接在当天的几千张单据中查找，也只需要一个人 1～2 小时就可以准确地找到需要的单据。就这样的一个改变，解放了三个人，以前需要三人专职的岗位变成了一人兼职，在没有降低服务质量的前提下，优化了工作方式，提高了效率。这样业务部就能将更多的精力放在提高业务办理效率的其他方面。

类似的例子在企业推广应用了 STAR 工作地图后出现了很多。这也让身处其中的各级管理者更明白，那些看似合理而被大家认可的工作细节，都有认真审视的必要，而 STAR 工作地图的 12 个维度就是最好的审视工具。

但是，只依靠人为的推动，STAR 工作地图在服务质量的管理上，只能做到发现一个问题，改善一个问题。其中涉及的管理时间、管理精力的投入，将很难控制。STAR 工作地图能够系统应用吗？在哪个体系中运用才能使 STAR 工作地图发挥最大的功效？

STAR 工作地图是评价服务质量的工具，也是用来管理和提高服务质量的方法，它能够显著提升服务行为的标准化和服务质量的稳定性，也能够优化服务行为，提高效率。因此，**STAR 工作地图应当是一个值得全员快速掌握，落实到企业服务的每一个环节的工具，即全员参与、全过程参与和全面的服务质量管理。**而这三点正是全面质量管理三个核心的特征——全员参加的质量管理、全过程的质量管理和全面的质量管理。生产制造企业运用全面质量管理的案例不胜枚举，但服务企业的全面质量管理该如何实施呢？

通常来说，开展全面质量管理有必要首先建立起企业自身的质量体系，这是开展全面质量管理工作最有效的方法，服务企业建立的也就是服务质量体系。此时，企业通常会引入 ISO 9000 质量管理体系标准认知，达到 ISO 9000 系列标准是实施全面质量管理的基础。而在我所管理的企业获得 ISO 9000 认证的过程中，我发现 ISO 9000 有极强的通用性，这对于一个急需拥有自有、高标准质量体系的企业来说，标准的针对性稍显偏弱。因此，在我所管理的企业中，各级管理者开始将关注点投在了建立一套更细化、更贴合企业实际的服务质量标准。即建立一套针对性极强的服务质量标准，配合 ISO 9000 标准认证的运用，实现服务企业的全面质量管理。

那么，接下来需要明确的问题就是：STAR 工作地图作为评价服务质量的工具，能否用来实现服务标准化呢？

作为管理者的你是否也考虑过构建自己的质量标准体系呢？

你认为如何构建符合企业个性要求的标准体系？

标准化——企业服务质量的“规”和“矩”

“规所以正圆，矩所以正方”，“规”和“矩”是校正圆形和方形的工具。那么，企业服务质量的“规”和“矩”显然就是“标准”了。

“标准”是指，为了在一定范围内获得最佳秩序，经协商一致制定并由公认机构批准，共同使用和重复使用的一种规范性文件。而“标准化”，则是为了在一定范围内获得最佳秩序，对现实问题或潜在问题制定共同使用和重复使用的条款的活动①。

由此可见：第一，标准化是一项活动、一个过程，包括标准的制定、发布、实施，以及标准制定前的研究和标准实施后的修订；第二，标准化是一项有目的的活动，其目的是在一定范围内获得最佳秩序，通过建立最佳秩序来实现效益最大化。

我国目前实施的是国家标准、行业标准、地方标准、企业标准四级管理体系。《企业标准化管理办法》中规定，企业标准是由企事业单位自行制定发布的标准，也是“对企业范围内需要协调统一的技术要求、管理要求和工作要求”所制定的标准。这方面国外的例子很多，

① 参见 GB/T 20000.1－2002《标准化工作指南》。

做得比较好的如麦当劳制定的千余项企业标准。国内企业在制定和实施企业标准方面才刚刚起步，而且更多的尝试都集中在制造业企业。

随着服务业在全世界范围内的发展，服务标准化已经成为了标准化领域发展最快、最重要的部分。所谓服务标准，就是企业对某项服务工作应达到质量目标，通过把服务质量目标具体化而制定成具体的服务标准。这不但是企业服务工作的标准，也是客户“考核”企业服务是否达标的“标尺”。服务标准化则是通过对服务标准的制定和实施，以及对标准原理和方法的运用，以达到服务质量目标化、服务方法规范化、服务过程程序化，从而获得优质服务的过程。我国的服务标准化工作更多地依赖于国家标准化委员会等政府机构的推动，服务企业的能动性没有被激活和发挥。

王如意的新尝试

新婚的王如意最近换了新工作，来到了一家服务型企业。新公司的员工入职培训很简单，介绍了公司的背景和一些日常规定就结束了。公司业务的学习都靠师傅带徒弟的方式传授，王如意的师傅是业务骨干，一周也抽不出几小时来帮助王如意。一晃两个月过去了，王如意对业务一知半解，主要凭借自我学习“三靠”口诀在公司里摸爬滚打：一靠努力看，二靠大胆想，三靠试探性地做。

为此，王如意找领导希望得到支持，她得到的回答也非常中肯：“从入职到出师怎么也需要一到两年的时间，小王你也别着急。对了，现在公司‘师傅擅长的、徒弟也擅长；师傅的缺点，也是徒弟的缺点’的事情很多，跟着师傅学的时候，你也多注意着点，自己可要把好工作的关啊！”

王如意的遭遇让作为丈夫的李吉祥陷入了思考。

李吉祥的公司也是服务企业，但是公司里一直有良好的服务标准，其中包括工作流程、服务规范、服务质量目标等。这让每一个新手都能在最短的时间内搞清楚在公司里“我是谁”“我在哪个领域”和“我该怎么做”，新员工基本上入职三个月就能独当一面。

李吉祥详尽介绍后，王如意的烦恼依然存在，却在心里对自己的境遇有所释怀，她开始了对新公司标准、制度的细致观察，新的尝试和积累悄然开始。

王如意的尝试，是站在员工角度的工作体验。对于一个新员工来说，如果公司没有做事的具体标准，新员工最多能做的，只能是自己去摸索出一个不一定全面的标准，就像王如意的“三靠”口诀和最终准备做的新尝试。而反之，如果公司有做事的具体标准呢？就像李吉祥思考后发现的一样，每个人都知道在公司里“我是谁”

“我在哪个领域”和“我该怎么做”。

在管理实践里，服务标准化的好处，至少有以下 5 点：

◆ 优化服务质量；

◆ 将企业最佳实践逐步规范并推广，沉淀有价值的知识与经验留在企业；

◆ 提高员工综合素质；

◆ 提升和推广品牌价值，提高竞争力；

◆ 规范市场秩序，形成良好的市场环境。

这也更坚定了我建立企业自己的服务标准体系的信心。如果你对服务标准化相关理论有过研究，一定不难发现，由于服务本身具有无形性、非存储性等特点，服务领域的标准化不像有形产品那样直接和简单，而是更多的对提供服务的相关条件提出标准化要求，如对于服务提供者的资格或技能、服务设施与环境、服务提供过程及其结果等。

作为服务质量评价工具，上述的企业服务状况，恰恰为 STAR 工作地图提供了一个广阔的应用平台。基于 STAR 工作地图构建 STAR 服务标准体系，一方面可以实现工作地图的系统运用；另一方面也是最关键的，就是用标准来保障、提高服务质量。我所在的企业后来快速健康地发展，也用事实证明了 STAR 工作地图应用、STAR 服务标准体系在企业里足够适用。

当然，标准体系的构建工作是艰辛的，为了一个真正属于企业自己的标准，大量的研究和借鉴工作开始启动。GB/T15624《服务标准化工作指南》《美国生产力与质量中心过程分类框架 PCF》《交通行业服务标准体系研究》等都是我所管理的企业重点研读的行业资料。最终 STAR 从构想到试点，再到理论回归，最终形成了一套企业实在可用的体系——STAR 服务标准体系。它包含四个标准模块（详见图 2－1、图 2－2）：服务基础标准、服务技术标准、服务管理标准、服务资质标准。

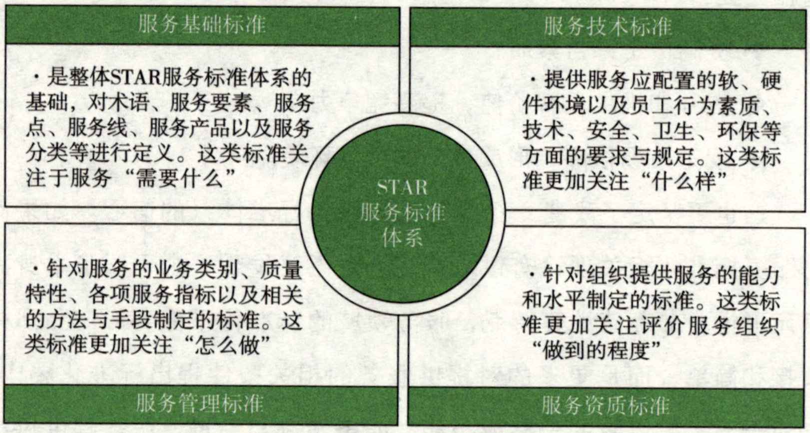

图 2－1　STAR 服务标准体系

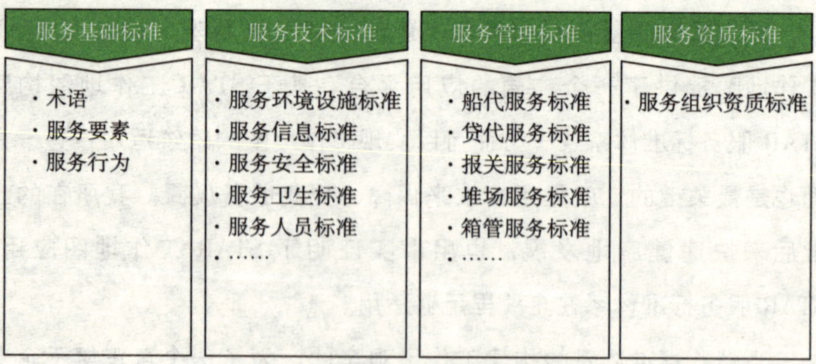

图 2－2　STAR 服务标准体系内容

具体来说，服务基础标准归属于 STAR 服务标准体系，是整个 STAR 服务标准的基础，主要对 STAR 服务标准的基本定义、撰写规则等进行规范。服务基础标准由三部分内容构成，包括：

第一部分——基本定义：对STAR服务标准所使用的相关术语（如：服务行为、服务要素、STAR工作地图等）进行统一规定；

第二部分——编码规则：对STAR服务管理标准和STAR服务技术标准中所有服务行为和服务要素的编码顺序进行统一规定；

第三部分——撰写方法：对STAR服务管理标准和STAR服务技术标准的撰写内容与方法进行统一规定。

随着STAR服务标准循序渐进的推行与实施，其内容将不断地完善与补充，服务基础标准也需要在实践中定期进行更新、修订、改进与提升。

服务技术标准归属于STAR服务标准体系，是整个STAR服务标准的重点内容之一，主要对提供服务应配置的人员、环境、制度等技术领域的服务要素进行规范。服务技术标准目前涉及五个领域、多条的服务要素（详见表2－1）。

表2－1　STAR服务标准体系——服务技术标准五领域

技术领域	服务要素		
人员素质	服务人员语言行为规范	服务人员着装规范	—
环境设施	办公桌物品摆放	航运中心人性化服务设施	—
沟通机制	收发邮件	接听电话	拨打电话
	客户电话询问信息反馈	客户邮件询问信息反馈	重要/紧急信息反馈
信息技术	—	—	—
服务举措	首问负责制	—	—

随着STAR服务标准循序渐进的推行与实施，其内容也将得到不断地完善与补充，服务技术标准也将在实践中将定期进行更新、

修订、改进与提升。

服务管理标准归属于 STAR 服务标准体系，是整个 STAR 服务标准的重点内容之一，主要对各类业务活动的服务行为进行规范。服务管理标准目前涉及四个领域、多条的服务行为（详见表 2-2）。

表 2-2　STAR 服务标准体系——服务管理标准四领域

服务领域	服务行为		
服务研发	—	信息系统开发申请	—
服务营销	询价电话接听	市场信息收集	协议价格制定
服务实施	建立船期表	发送动态报	特殊货物处理
	进口联检手续办理	配图—预配图制作	沿海调运空箱
服务管理	服务流程修订	客户满意度调查	服务待时申诉

随着 STAR 服务标准循序渐进的推行与实施，其内容将得到不断地完善与补充，本标准也将在实践中将定期进行更新、修订、改进与提升。

服务资质标准归属于 STAR 服务标准体系，是整个 STAR 服务标准的评价要求，主要从服务资源、服务标准文件、服务过程、服务结果四个方面提出了服务评价的标准要求。以客户为导向的全过程服务资质标准架构依据“以终为始、全程跟踪、反向梳理”的原则，以服务结果的产出评价为起点，反向梳理与产出相关的输入、投入环节的各个要素而构建（详见图 2-3）。

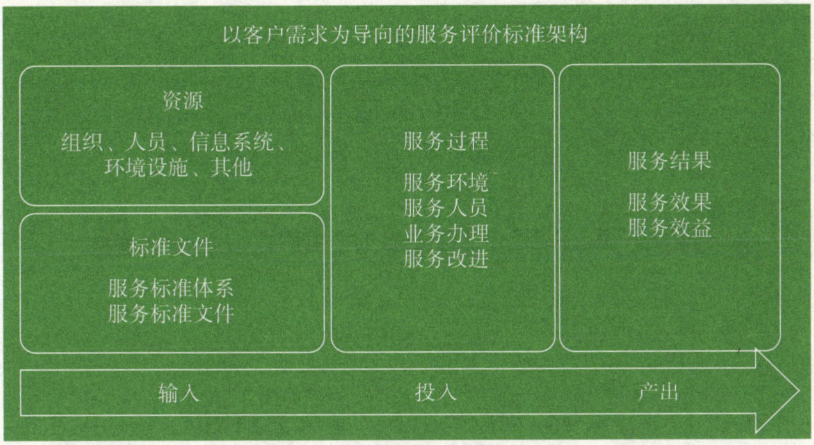

图 2 -3　STAR 服务标准体系——服务资质标准架构图

用放大镜分析创造价值的过程

STAR 服务标准体系框架的建立，意味着 STAR 工作地图和员工实际工作将获得广泛的结合，也为企业的全面服务质量管理做好基础准备，至此，服务标准化工作在企业里开始走上正轨。

服务基础标准、服务管理标准、服务技术标准的制定涉及企业管理与员工工作的方方面面，为了保证标准的全面、准确，主要由企业中层以上管理人员全员参与制定，并邀请部分客户代表参与标准制定。

从 STAR 服务标准体系的内容定义可以得知，服务技术标准主要是由涉及五个领域（人员素质、环境设施、沟通机制、信息技术、服务举措）的多条服务要素构成，服务管理标准主要是由四个业务活动领域（服务研发、服务营销、服务实施、服务管理）的多条服务行为构成。服务技术标准和服务管理标准是 STAR 服务标准体系的两大支柱，服务管理标准又直接针对公司业务的具体服务行为，是标准体系的重中之重。服务管理标准的制定覆盖了所有的业务领域，本着大处着眼小处入手的原则，我所在的企业从价值链分析归类开始（详见图 2－4），到具体的岗位工作的流程梳理，最后到重点岗位与流程节点的工作分析，循序渐进地完成了包含五个领域、

130 多条服务要素的服务技术标准和包含四个大类、220 多条服务行为的服务管理标准。

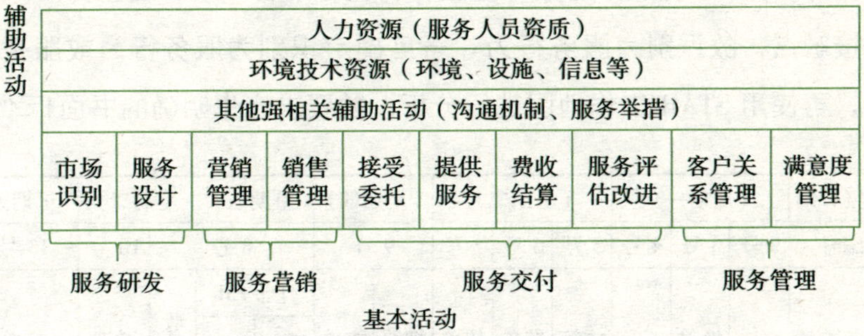

图 2－4　服务业企业价值链分析

其中，主要流程梳理工作就是基于价值链分析四类活动中的 17 个岗位，梳理了 220 多个流程，通过绘制岗位的流程图，来全面识别服务行为与服务要素；再通过与重点岗位的人员进行业务探讨和工作分析，来了解岗位的业务量数据、观察员工的工作行为，对关键岗位的工作量进行深入分析（详见图 2－5）。

此时，或许有人会问了，这么多服务行为和服务要素，都是抽象而零散的，怎么完整提取呢?

事实上，流程梳理和工作分析的过程，就是服务行为和服务要素提取的过程。服务行为识别的三个原则是：对应性、衡量性、互动性。对应性要求流程与服务行为、要素最好能一一对应，或者一个服务行为、要素可以有多个流程，但不能一个流程下有多个服务行为、要素，这样便于整体跟踪、确认、研讨、修订与调整。衡量性要求服务行为、要素的划分要有可衡量性，流程要相对稳定、可识别，时间相对可监控，如：一个服务行为的操作时间如果超过半天（4 小时）就可拆分。互动性要求与客户有互动的需要的行为，识别为服务行为、要素，即直接与客户接触的行为不论大小都是服务行为，如："发送靠泊报" 在工作行为上非常简单，但因为属于客户接触点，故识别为服务行为。一旦确定识别为服务行为或服务要素，再使用 STAR 工作地图进行分析，并要求产生明确的书面标准。

观察日期	（星期一）			（星期二）			（星期四）		（星期五）		（星期二）		（星期五）
编号	2 号	3 号	4 号	5 号	6 号	7 号	9 号		8 号			10 号	13 号
业务种类	换单			放箱	核单	核单	押箱	核单	打印 EIR 设备打印	打印 EIR 人工输入	收费	缴费	换单
业务量（票）	307	22	9	270	521	275	314	131	86	52	19	141	97
业务时间（分钟）	139	39	58	290	184	158	260		114	54	28	203	196
平均业务效率（分钟/票）	0.5	1.8	6.4	1.1	0.4	0.6	0.6	0.6	1.3	1.0	1.4	1.4	2.0
辅助工作时间（分钟）	201	68	123	25	34	43	97		—	44	17	29	50
辅助—业务时间比值	1.45	1.74	2.12	0.09	0.19	0.27	0.37		—	0.82	0.62	0.14	0.25
有效工作时间（分钟）	340	107	181	315	218	201	357		—	98	45	232	246
有效工作率（%）	81	25	54	75	52	48	85		—	46	11	55	58

图 2－5　重点岗位工作分析示例

回顾这个标准化的过程，既是建立标准的过程，又是服务优化的过程，资源重新组合的过程。价值链分析帮助管理者清晰化了价值创作过程，流程梳理和工作分析优化了业务流程和工作细节，最后使用STAR工作地图的维度撰写标准更是用放大镜审视了为客户创造价值的每一个节点。

示例4和示例5将展示的是我所管理的企业实际用到的服务要素和服务行为，以便清晰描述服务技术标准中的一个服务要素，服务管理标准中的一个服务行为。

示例4：

编码	服务要素	技术领域
TSI－1	首问负责制	服务举措

1. 目标与宗旨

为了有效改善员工工作作风，增强员工服务意识，提高客户服务水平，按照公司相关规定与要求，结合实际情况制定首问负责制度，要求员工认真履行岗位工作职责，避免服务过程中出现相互推诿、相互扯皮等现象，切实建立公司内部科学的服务质量保证与监督体系，为客户提供优质、满意的服务。

2. 规范性要求

（1）语言行为规范：

- 自觉使用七字文明用语：请、您好、谢谢、再见；

……

（2）程序内容规范：

- 客户的咨询或投诉事项属于首问负责人（最先受理客户咨

询、投诉的员工）职责和权限范围内的……

• 客户的咨询或投诉事项不属于首问负责人职责和权限范围内的，首问负责人应填写首问记录单，内容包括客户单位、姓名、事由和期望结果等，然后根据客户咨询方式和事项所属职责范围按以下方法处理：

①电话咨询

②邮件咨询

③现场咨询

• 客户的咨询或投诉事项不属于公司业务范围内的，首问负责人应向客户耐心解释，并尽自己所知给予指导和帮助；

• 首问负责人在事项处理完毕后，将首问记录表提交部门负责人，由部门负责人转交公司主管部门存档。

3. 及时性要求

（1）属于首问负责人职责与权限范围的事项，遵循相应服务行为、服务要素指导书的及时性要求；

（2）不属于首问负责人职责与权限范围的事项，最迟应予3个工作日内给予客户答复。

4. 准确性要求

（1）准确的服务

为了准确解决客户咨询、投诉的问题或者准确引导其他员工为客户解决问题，公司员工不仅要熟悉本职业务内容和工作流程……

（2）准确的信息

• 首问负责人通过填写首问记录表，记录客户咨询……

5. 经济性要求

（1）恰当的成本

在处理客户咨询、投诉问题的过程中……

（2）增值服务

公司主管部门应该随机抽取首问记录单，了解客户对处理结果的反馈意见，以便更好地为客户提供服务。

示例 5：

STAR 服务标准——服务点清单

出口危险品申报

1. 服务点综述

编号	服务点	岗位
略	出口危险品申报	班轮出口单证

目标与宗旨
为了保证船舶正常离泊，按照主管部门的各项管理规定，向相关部门提交出口危险品申报资料，办理危险品申报手续。

STAR 匹配性	S：规范性	T：及时性	A：准确性	R：经济性
	语言行为	相对时间	对象	安全
	仪容仪表	标准操作时间	信息	人、财、物
	程序内容	发生频率	方式	增值

续 表

编号	服务点	岗位

S：规范性

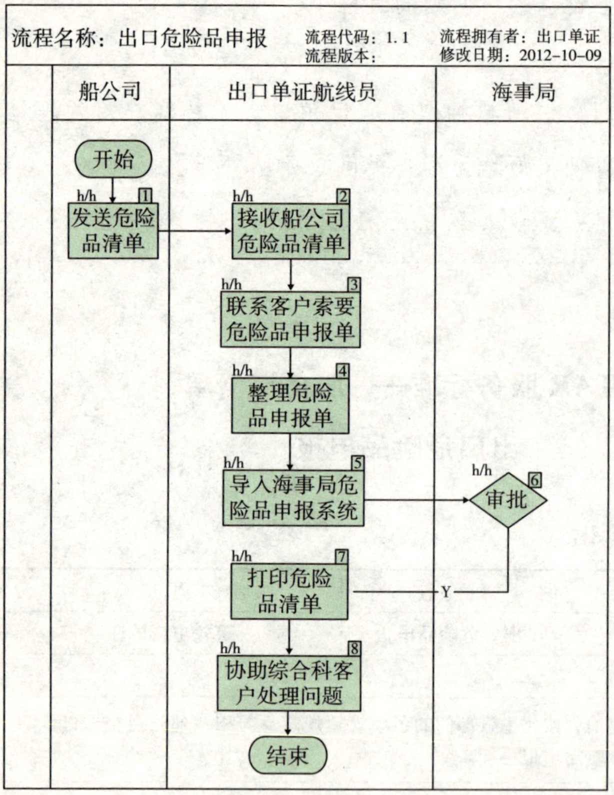

T：及时性

ETB 前 2 小时

标准操作时间 1 小时

A：准确性

1. 从船公司电子邮件接收危险品清单

2. 根据危险品清单联系客户索要固定格式的危险品申报单

R：经济性

1. 严格按照流程操作，并且认真核对信息，避免操作失误或信息遗漏

2. 班轮出口单证操作——基本服务

2. 流程说明

流程步骤	输入	工作内容	输出	责任人	ETA	ETB	ETD	操作时间（H）	是否常规工作（Y/N）
1		发送危险品清单	危险品清单	船公司					
2	危险品清单	接收船公司危险品清单		出口单证航线员					
3		按照危险品清单，联系客户索要固定格式的危险品申报单	危险品申报单	出口单证航线员					
4	危险品申报单	汇总整理危险品申报单	危险品申报单	出口单证航线员					
5		导入海事局危险品申报系统，并手动添加包装、箱量及拼箱标志		出口单证航线员		前2小时	1		
6		危险品申报单审批		海事局					
7		待海事局批复后，打印危险品清单	危险品清单	出口单证航线员					
8		协助综合科联系客户，处理危险品更正		出口单证航线员					

可执行标准才是好标准

STAR 服务标准体系的搭建耗费了企业很多的资源，也让我付出了很多的精力。这个过程为企业带来的好处和回报，在之后逐渐地显现出来。标准化工作基本完成，下一步工作就是如何推动员工遵守标准、执行标准。如果说 STAR 服务标准体系就是企业的基本法，现在基本法通过全员参与的方式制定完成了，那么该如何建立一套机制，配合基本法的实施，让人治顺利变成法治呢？

首先要让所有企业员工认可这套基本法，如果大家都认为 STAR 服务标准就是一套应付上级的漂亮文案或者打心里反对其中某些标准，那么在执行过程中打折扣，甚至阳奉阴违的情况一定会出现。因此在标准化过程中，我就一再强调好标准必须是可执行的标准，要求全员参与加客户参与制定过程，要求 STAR 服务标准既满足客户需求，又符合事实逻辑。STAR 服务标准体系的建立过程，得到了企业内部的广泛认同，即使如此，当标准化完成，进入实施和执行阶段时困难依然很大，其主要表现在如下几方面。

第一，改变人的习惯行为非常困难，员工也不愿意改变已有的工作习惯。

第二，中层管理者压力很大，他们既要背负业务量指标，又要花费精力推动标准的落实，只依靠管理者的宣传贯彻和监督，无法面面俱到。

第三，如果没有合适的应用方法，STAR 服务标准体系将会和所有束之高阁的管理文件一样，变成花瓶摆设。俗称管理文件和实际工作两张皮，你规定你的，我做我的。

第四，即使标准化过程再民主再科学，也难免出现标准制定不合理的情况，毕竟实践才是检验真理的唯一标准。如何在执行中能够快速发现不合理的地方，并及时优化标准？

执行力一直是管理学界关注的重点，以上的困难，既是 STAR 服务标准应用所面临的，也是企业管理方法执行过程中的常见问题。

作为管理者的你面临这些问题时，是如何处理的？

第三章

信息化是STAR落地的关键

执行不力是管理问题

执行力，可以理解为有效利用资源，保质保量达成目标的能力，也可以理解为贯彻战略意图，完成预定目标的操作能力。对个人而言，执行力就是办事能力；对团队而言，执行力就是凝聚力、战斗力；对企业而言，执行力就是完成战略目标的能力。自从《执行》一书进入中国，执行力一词便风行中国企业界，“员工执行力不强”成为一些企业管理者的挡箭牌。当企业出现问题时，管理者会归咎于执行不力，而执行力差又是员工能力和态度的问题，我认为这种观点值得商榷。如果是个别员工执行力差那是能力的问题，而企业整体执行力差那就是管理的问题。

我认为影响企业执行力的原因主要有6个：

◆ 企业文化导向不明确，员工不清楚企业倡导什么、反对什么；

◆ 工作目标体系不清晰，管理者分配的任务不清晰，只是交代了做什么，却不明确告诉下属要做到什么程度，用什么方法，在什么时候完成；

◆ 计划制订不可行，中层管理者业务能力差，自己都不知道怎么干，制订的计划当然不可行，所以我强调事情要让最懂行的人负责；

◆ 工作流程不合理、权力和责任划分不清楚、过程设计不合理都可能导致流程不顺，其结果就是问题的推诿扯皮和执行不力；

◆ 考核激励不到位，干得好了没有奖励、干得差了没有处罚，分配不公平等问题都会影响执行；

◆ 员工培训不充分，员工能力和工作要求不符，又没有充分的培训，无法胜任岗位（详见图3－1）。

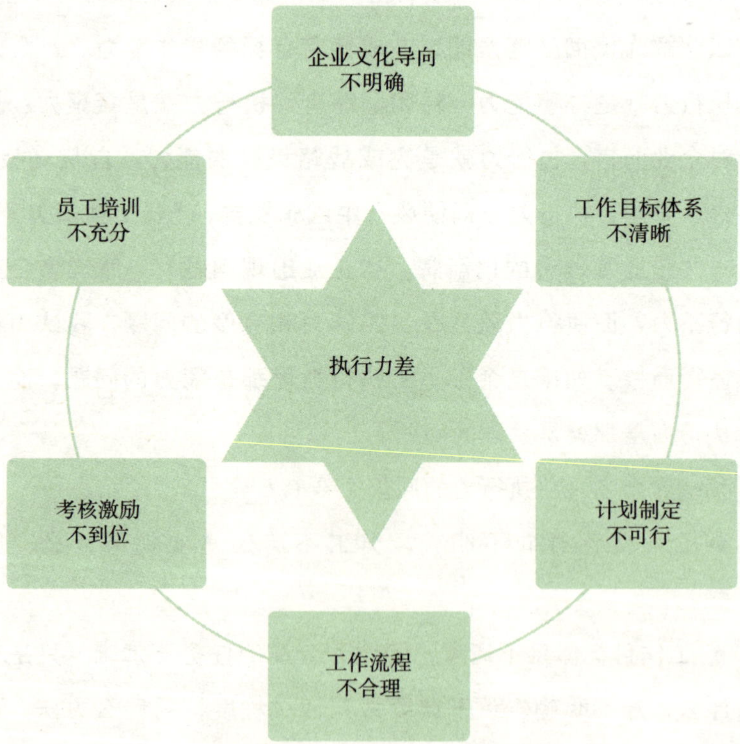

图3－1　执行力差的6个原因

清楚了执行力不理想的原因，解决的办法就是对症下药，那就是要做到“文化导向、目标明确、计划可行、流程合理、激励到位、考核有效、能力胜任”。在我所管理的企业里，企业文化强调客户导向，服务原则是永远不对客户说 NO。这里不是说要无条件满足客户，而是要多问问是不是真的不行。很多企业，特别是拥有垄断资源的国企，在客户提出要求的时候，第一反应不是思考要求是否合理、能否行得通，而是直接说不行。给出的理由是，客户不了解相关的法律法规，客户不了解企业的工作流程，客户不了解协调工作的难度。或许作为企业，需要检查的既有暴露的问题，也需要检验一下，对于无法满足的客户需求——那些没有暴露的问题，是不是真的做不到呢？即使真的无法满足，我们是不是可以耐心地为客户解释并表示歉意呢？我想，不妨把客户当成企业最好的老师，客户的每一个要求，都是我们需要改进的服务点。在这种文化氛围下，企业能够充分地让客户来帮助企业改进和成长，何愁无法击败竞争对手。

2011 年，我所管理的企业收到了客户公司发来的致谢邮件，感谢公司的一组员工对客户负责任的敬业态度。客户的一条大船确定了船舶动态准备进港，而港内的一条小船准备离港，计划员一直关注着小船，从信息系统中发现到了规定的出港时间小船还是没有动。计划员马上联系调研，经调度确认小船出现了故障，正在紧急维修，不能按计划出港。按照规定错过了规定航道时间，只能再等 4 个小时，安排下一次航道。客户希望能赶上这一航次，如果推迟 4 小时将影响船舶整个的后续航程。计划员了解了客户的需求之后，没有马上否决，而是积极地和调度、外勤人员沟通，想办法解决问题。

各方的反馈是小船的故障问题不大，应该可以短时间内排除，计划员立刻联系了相关方，希望不改变船舶动态，引水拖轮还是继续按照正常动态引水，在这中间的一个小时里，故障船修好了，大船也没有耽误时间，按照正常动态进了港。这个过程中，计划员的反复协调交涉，调度员和外勤人员的积极配合和反馈，都实践了不对客户说“NO”的服务原则。企业文化会在没有明确制度和规范的管理模糊地带，规范员工的行为，引导员工作出符合公司战略的决定。

那是不是只靠企业文化引导就够了呢？当然不是。企业文化应该包含企业的管理规范，又大于企业的管理规范，即所有的管理规范都应该符合企业文化的导向。STAR 服务标准体系就是我所在企业的服务管理规范，如果说 STAR 服务标准体系是保证企业服务做到 80 分的话，那么企业文化的引导就是让 80 分变成 100 分的手段。没有了 80 分的基础，再好的文化也难以让企业达到 100 分。STAR 服务标准体系是企业规范管理的基础，本书主要关注如何让企业达到 80 分，而如何做到满分将在后续的《全面均衡管理系列丛书》中阐述。

回到执行力的话题，企业管理希望达成的是“文化导向、目标明确、计划可行、流程合理、激励到位、考核有效、能力胜任”。本书不涉及“文化导向、能力胜任”两项，而 STAR 服务标准体系作为管理基础，就可以保证岗位工作“目标明确、流程合理”。那么如何确保 STAR 服务标准的充分推广应用呢？如何确保应用的过程达到“计划可行、激励到位、考核有效”呢？

因为虽然标准体系框架是参考了一系列国家指导文件、国内外相关标准范例制定的，即自上而下的规范，但是服务标准内容细则

（服务管理标准、服务技术标准）却是由企业员工与客户共同研讨确定的，即自下而上的丰富。比如流程梳理过程，就是由岗位员工、部门主管共同研讨：岗位工作内容有哪些？工作过程是什么？工作相关方有哪些？工作要达到什么目标？用流程的方式描述出来，将各岗位流程汇总，再由各部门集中讨论确定。

服务点、服务线和服务面

STAR 服务标准的推广应用过程并不是一帆风顺的，最初完成了标准体系的制订工作后，我所在的企业尝试了和岗位指导书一样的标准推广方式：首先把 STAR 服务标准体系相关文件汇总整理，按标准文件的形式打印，下发至各部门；制作相应的宣传资料，并针对体系框架和内容集中培训；最后要求各部门管理者监督检查执行效果，树立执行模范给予奖励，并考虑如何纳入绩效体系而便于考核。

还没有找到合适的考核方式前，公司的这阵 STAR 风暴就仿佛戛然而止，STAR 服务标准和岗位指导书一样被放进了档案柜，虽然整体的服务质量有所提高，但是员工的工作模式没有根本的改变。

在企业里，这种现象仍然存在：

第一，有些事着急了才做，缺乏计划性，如果时间充裕就先放一放，等到最后时刻各方催促了，才赶紧做完。员工每天忙忙碌碌，都在赶急、救火。据我的观察，每 10 个错误中，有 9 个都是忙中出错。如果员工提高工作计划性呢？他将有充分的时间把工作做细做好，提前完成工作，也会有充分的时间处理突发的问题。

第二，沟通与协同上，只关注自己的一亩三分地。虽然对客户的服务是每个岗位合作完成的，但是由于各部门各岗位间工作计划不透明、服务信息不共享，谁都不了解服务进程，一旦出现问题只有管理者能协调。

第三，问题能躲会藏，没有问题就无所谓持续改进。员工在有管理者监督时就认真工作做到 STAR 标准的要求，没人监督就凑合干完，反正只要客户不投诉，问题就不会暴露，谁也不知道有没有按照标准完成了工作。发现不了问题，就只能任其积累，等到爆发时，有可能就已经造成了客户利益、企业利益的损失。

我在《全面均衡管理系列丛书》的第一册《10 周可以改变什么》中阐述了滚动协同四维管理法，其中的滚动管理对制定工作计划有很强的指导性。滚动管理就是动态的管理，它包含了事件全过程所需要的时间、关键要素、必要过程、期望结果的跟进和管控。从眼下到未来，滚动地把新的企业事件不断纳入到每一小时、每一天、每一周、每一月甚至每一年的计划里；从未来到眼下，滚动地把企业年度目标不断地调整分解到每一季度、每一月、每一周甚至每一天的计划里。[①] 在滚动管理实施过程中，在没有让人陌生的事件前提下，企业里的每一个员工都清楚企业未来要走向哪里，也规划好了今天、明天、本周、本月究竟该做些什么（详见图 3－2）。

从图 3－2 中可以看到，季度滚动、月度滚动相对容易理解，而 5 日滚动计划则是根据企业的具体情况选定的一个合理滚动周期——如 5 天，预编计划就是从第 1 日制定到第 6 日，滚动完成一天，再

① 许景宏：《10 周可以改变什么：滚动协同四维管理法》。

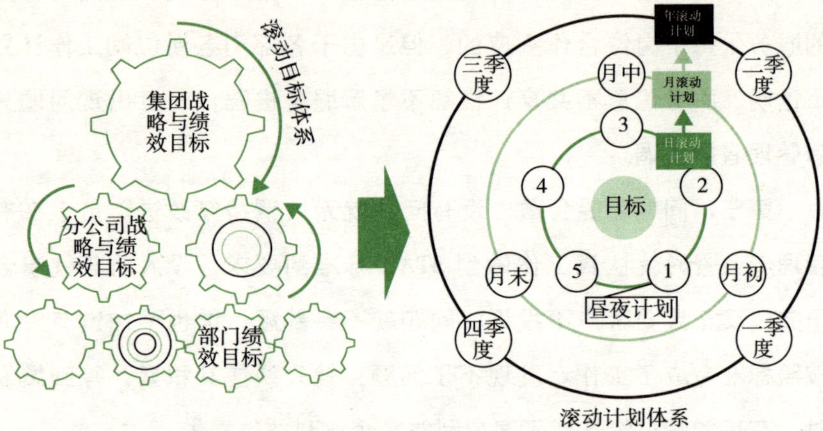

图 3－2　目标与计划的滚动管理

从第 2 日制定到第 7 日，以此类推。

5 日滚动计划在我所管理的企业中得到了很好的应用，并且对工作计划性的提高效果显著，而相应的 5 日滚动平台——即 5 日滚动计划的信息化系统也替代了当初的纸面 5 日滚动计划的运行方式。而在当时，5 日滚动平台的使用需要解决的一大难题就是：进程追踪和效果审核。纸面的 5 日滚动计划是依靠早晚两次交班会实现计划的调整和总结，每天开会的时候，相关部门分配任务定 5 日计划、总结今天的工作并确认问题，各部门各岗位一一对应；而当纸面计划移植到信息化平台上之后，计划的制订、调整、总结、优化也早晚交班，整个过程相当于一个信息化工作记录，依然没办法追踪进程、审核效果。信息化中的实时监控、信息共享、智能快捷制订计划等优势，在短时间内不易发挥。

STAR 服务标准推广执行效果有限，5 日滚动信息化平台应用仍在磨合，是面临管理挑战的一个过程，但如果从全局的视角去看，它却也是触发新思路、新方案的契机。

服务是一个流程，流程的每个服务节点都有输入和输出，无论输入和输出都要从STAR的四个标准去策划和实施。STAR服务标准虽然不是流程，但却来自工作流程的分析，和工作计划息息相关；5日滚动平台是一个计划平台，这也要求计划的制订符合工作流程并遵守服务标准。如果能把STAR服务标准和5日滚动平台结合，用信息化的5日滚动平台帮助STAR服务标准体系落地，用STAR服务标准规范5日计划的制订和管理，效果将会怎样？实践证明，这种思路能够同时解决这两个挑战。

那么，如何将两者很好地结合起来呢？STAR服务标准是由服务行为和服务要素组成的，要通过它来制订计划，就需要通过时间将这些零散的节点组合起来。如果想在5日滚动平台上实现追踪计划进程、考核计划的执行，就必须先标准化计划节点，即想要考核员工，就要先告知员工要做什么、怎么做、什么时候做、做到什么标准。基于这两点的思考，我提出了服务点、服务线、服务面的概念，创建了企业里第一个准时交付（On Time Delivery，OTD）项目。

服务点：由一个岗位完成的最小服务单元，具有时间上的可衡量性，能够为客户提供有价值的输出，并且独立具有意义。一个服务行为即是一个服务点。

服务线：由同一类型的服务点按照时间顺序组合形成服务线，如：外勤服务线、单证服务线等。

服务面：由多个服务线组成服务面，如：班轮代理服务面、货物代理服务面。

OTD项目：凭借5日滚动计划平台这一载体，针对客户特殊需求的准时交付（OTD）项目，以STAR服务标准为相应服务点的输入指导与输出评价，通过对服务节点的质量控制，达成向客户准时交付优质服务结果的目的。STAR服务标准是OTD得以实现的基础，OTD项目所涉及的每一个服务点，在STAR服务标准下有了执行和考核的参考。

以船舶计划安排为例，在5日滚动平台中，其具体表现为不同的OTD项目，通过导入STAR服务标准体系，就可以确定船舶ETA、ETB、ETD[①]的标准时间范围，从而确定整体船舶计划。即做到服务点基于对船舶最核心的两个时间点（ETB和ETD），自动生成针对性的船舶计划（详见图3－3）。

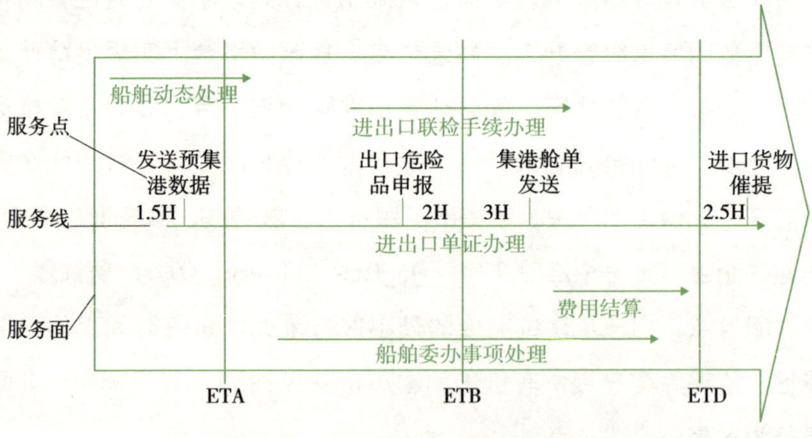

图3－3　服务点时间组合逻辑图

如图3－3所示，将服务点以船舶在港的三个关键时间点为标尺，通过时间顺序组合成服务线，再由不同的服务线组合成服务面。

① ETA（Estimated Time of Arrival）预计到港时间；ETB（Expected Time of Berth）预计靠泊时间；ETD（Expected Time of Departure）预计离港时间。

确保业务纳入 5 日滚动平台的系统里，信息全员分享，进程全员监督。

值得注意的是，作为服务点、服务线的服务标准，STAR 标准适用于为客户服务，也适合公司内部部门之间和岗位之间的互动协同。对于内部员工而言，要牢固树立上一道工序为下一道工序服务的意识并落实于行动（此概念我在《准时交付（OTD）管理法》中，已做详细阐述）。每一道工序的责任人（服务者）应该协调流程上相关方协同互动，共同遵守 STAR 标准的约定，必要时采取服务联盟合作或者契约的方式以达到协同互动的目的。

纸上、屏幕上和心上

信息化的系统是实现先进管理方法的工具，脱离了合理的管理方法，再先进的信息化水平也无法实现管理效率的提高。5 日滚动平台就是这样一个融合了滚动管理的信息化工具，而体现“规范、及时、精准、超值”理念的——涵盖公司全部业务的 STAR 服务标准体系，就是实现科学管理的基础。基于 STAR 服务标准在 5 日滚动平台上的运用，我所管理的企业为实现服务计划的滚动跟进，服务过程的互动配合，服务质量的持续改进，启动了 PDCA 循环[①]的管理实践（详见图 3－4）。

以船舶动态的管理为例，PDCA 的管理实践如下。

一、计划（Plan）

计划员录入第 5 日船舶信息，创建该船的船舶 5 日计划，即船

① PDCA 循环又叫戴明环，是美国质量管理专家戴明博士提出的。PDCA 是英语单词 Plan（计划）、Do（执行）、Check（检查）和 Action（调整）的第一个字母，PDCA 循环就是按照这样的顺序进行质量管理，并且循环不止地进行下去的科学程序。

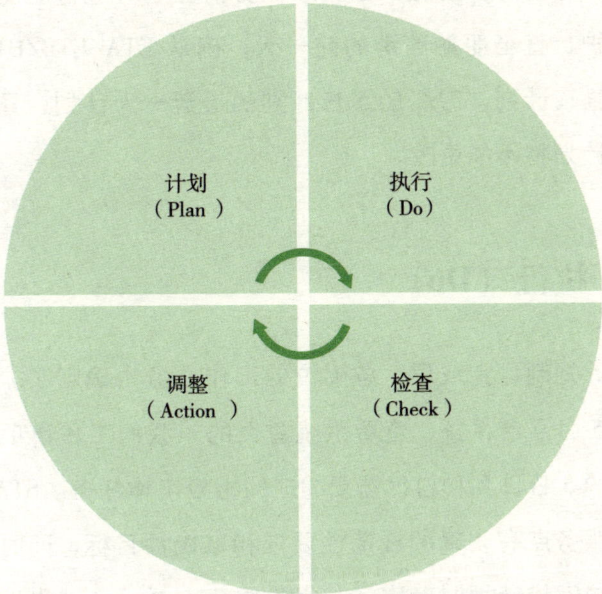

图 3－4　PDCA 循环管理

舶动态计划。船舶动态计划建立后根据船舶情况确定预计的 ETA/ETB/ETD 时间，并随时根据实际情况进行 ETA/ETB/ETD 的维护和更新，以确保 5 日计划各分计划的参考时间准确。

各岗位主管每天登录系统，查看首页的“待分配计划”，根据计划员建立的船舶动态计划，制订各船舶分计划，如单证计划、货运计划、服务计划、船舶执行计划等。岗位主管按业务不同从 STAR 服务标准自动生成的服务点列表中，选取需要执行的服务点添加到分计划中。依据服务标准中设定的操作时间，在 ETA/ETB/ETD 时间的基础上，系统会自动计算生成计划完成时间。最后岗位主管再将相应的服务点任务分配到各个岗位上，并根据各项工作任务的实际情况进行任务的维护操作。

计划员及各岗位主管根据实际业务情况随时进行船舶5日计划的事项维护，直至船舶到港的前一天，确认ETA/ETB/ETD时间后下达船舶昼夜计划，即船舶5日计划的最近一天计划，昼夜计划下达后各项计划将不能更改。

二、执行（Do）

工作计划制订完成后，各岗位的工作业务也确定了。业务人员每天登录5日平台系统，查看系统首页的“我的工作事项”即可以看到船舶的5日计划和自己需要完成的相应工作任务。STAR服务标准对各个服务点有明确的规范性要求和准确性目标，而时间性要求已经在系统安排计划时确定了，点击服务点系统会弹出该服务点的STAR服务标准描述窗口。待业务人员按要求完成工作任务后，点击进行事项完成的确认，对于超时完成和未完成的工作填写实际原因。

三、检查（Check）

对已超时完成和未完成的工作，系统将自动转为服务待时[①]，服务待时情况每天由调度员在日生产会上进行通报。服务待时的确认由专门的管理部门负责，原则上客观原因造成的服务待时可以取消，员工亦有申诉取消服务待时的权利。管理人员可在系统上实时监督船舶计划执行情况，并对突发事件做及时的反应。

① 服务待时：个人造成的服务中断或延时称为服务待时。

船舶所有计划执行完毕后，业务主管根据单船从进港到完船进行的各服务点执行的完成情况进行打分评价，结合客户评价及反馈，得到单船评价分数。打分结果可供员工绩效参考。

四、调整（Action）

5 日滚动平台会记录所有的船舶计划制订与执行过程数据，而 STAR 服务标准就是一个标尺。员工的工作变得透明了，工作任务的完成时间、完成质量是否达到标准的要求一目了然。经过一段时间的数据积累和统计分析，就很容易发现问题：服务标准问题、服务流程问题、工作量问题等。如：每个月的服务待时都集中在一两个岗位的一个两个服务点时，说明服务流程需要优化；某一个服务点的服务标准一直无法完成，说明服务标准不合理，有待修正。

多年的企业管理体验，让我坚持着这样一个观点：让员工笑，才能让客户笑。员工心里的标准才是真正行动上的标准。因此，在我所管理的企业里，与之对应的就是不断提高员工满意度的管理实践：一套以人为本、以激励为核心、以战略为导向的 3PTS 人力资源管理体系①（详见图 3－5，3PTS 的具体内容我将在后续书籍中详述）。

① 3PTS 是一套以人为本、以激励为核心、以战略为导向的人力资源管理体系，其有效地整合了人力资源管理中的职位管理（Position management）、绩效管理（Performance management）、薪酬管理（Payment management）、人才管理（Talent management）四大核心领域的管理方案与员工满意度（Employee satisfaction management）。

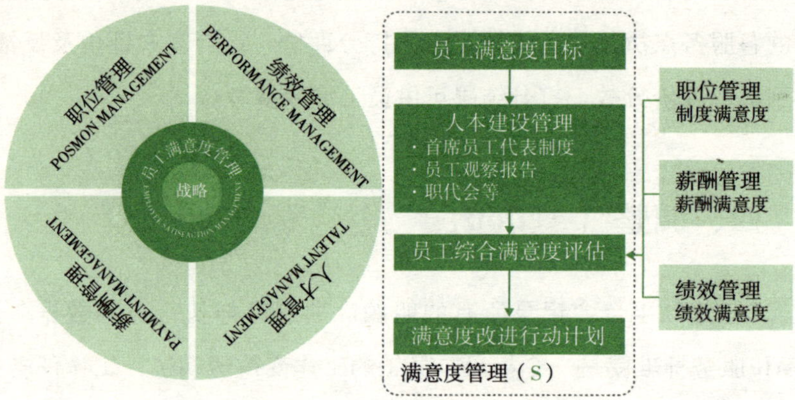

图 3－5 3PTS 之员工满意度管理

STAR 服务标准体系建立至此，企业要做的就是让 STAR 标准成为员工心里的标准再变成行动，这才是真正意义上的“星标准　心服务”。在我所管理的企业里，STAR 服务标准体系的信息化应用，实现了工作计划和服务标准的完美结合，使服务标准不再是空中楼阁，而是工作中实实在在需要的工作指南和考核目标。工作计划不再由个人制订，而是按标准生成的，最大程度地实现了服务的规范管理。船舶计划执行的状态流实时展示，将相关岗位的工作信息全面共享，每个岗位的工作进度全员监控。现在外勤人员的手持机，可以直接照相、拍视频、录音，实时记录各种船舶与货物情况，我相信未来系统平台将不止展示船舶状态流，还能够展示货物的状态流。

STAR 服务标准的落地，从最初纸上的构想开始，通过逐步地完善，得以和企业的信息化管理相结合。而最终，STAR 服务标准将达成的，不仅仅是跃然纸上，也不仅仅是录入系统，还会通过企业服务标准体系的每一次成长，最终存储于每一位管理者、每一位员工的心上。

内部检验、外部评价相生相辅

随着STAR服务标准的落地，STAR对于企业来说，既是服务标准，又是检验标准，还可以作为内部考核标准。它为企业的规范运作、部门的客户服务表现、员工的服务精神面貌，都带来了令人惊喜的改变。企业标准是企业创建自己品牌的理想方式，如果能够将企业标准输出，为行业、为社会的进步作出一些推动，其效果相信是每一个企业的追求。而想要推广和输出标准，就需要一套适用范围更广的外部评价标准。

也许，会有人说服务标准木身就已经是一套标准了，那评价标准又是什么呢?

评价标准就是评价服务标准是否合理、是否优化了服务质量的标准。服务评价标准与服务标准的差异在于：服务标准直接以服务设计、服务过程控制为认识主体，而评价标准则是以服务最终结果为认识主体。服务标准是企业内部的标准，用于规范和优化服务设计、控制服务过程、考核与改进服务质量，要求符合企业特性的针对性。服务评价标准是外部评价企业的标准，用于评价企业执行服务标准的情况，要求更广泛的适用性。完成了服务评价标准，STAR

服务标准体系才算完整。

此时，又一个问题出现了，如何制定服务评价标准呢？

> **在你所处的企业里，服务如何评价？标准来自哪里？**

第四章

服务评价是双向的

STAR 星标准 心服务

换位思考，如果我是客户

STAR服务标准体系，包含服务基础标准、服务技术标准、服务管理标准、服务评价标准，前三项属于企业内部的服务标准，最后一项是外部评价标准。STAR服务评价标准参考了GB/T 19850—2004《卓越绩效评价准则》、GBZ 19579—2004《卓越绩效评价准则实施指南》、GB 24620—2009- T《服务标准制定导则—考虑消费者需求》、GB/T 24421—2009《服务业组织标准化工作指南》、《服务质量评价理论与方法》等相关国家标准，参考了民航、电信、餐饮服务等各行业的标准化资料，结合STAR服务标准，从服务资源、服务标准文件、服务过程、服务结果四个方面提出的标准要求，制定出包含适用范围、术语定义、评价总则、评价基本条件、评价准备、评价程序和方法、评价内容和要求、评价报告要求的八方面的标准细则。

服务评价标准中最重要的评价内容和要求部分，又是从“服务资源、服务标准文件、服务过程及服务结果”四个角度展开评价的。

本书节选了评价内容和要求部分的细则，即服务资源、服务过程中关于“环境设施、服务环境、服务人员”三个部分的内容和要求，以测评量表的形式进行展示。你可以尝试使用此量表对你所管理的企业做一个简单的评价。

值得注意的是，针对服务资源、服务过程的一些评价内容会有重叠，这是因为针对同样的内容（如服务环境），其评价角度、标准要求、评价方法都不相同，故在不同部分会重复出现。其中，针对服务过程—服务环境、服务人员（详见表4－1）的评价方法是观察记录、神秘客户拜访体验，即对接待客户的服务场所现场观察，逐一对评价内容进行评价，委托客户或聘任第三方神秘客户对服务人员在服务交付过程中的态度、行为、办理过程进行评价。而针对服务资源—环境设施（详见表4－2）的评价方法则是查阅制度文件、观察记录。

表4－1和表4－2纵向分为序号、服务评价内容、服务评价要求、评分四列，横向即是每一条评价的内容、要求和得分。评价前需要你首先仔细阅读评价内容项，理解评价要求，再结合服务现场实际情况，给出各单项的评分。要注意的是由于每一项内容占所有评价内容的权重不同，故达到“符合”或“该项内容最高要求”时所对应的分数，就是该项内容的最高得分。如表4－1中1.1.1项最低分0分，最高分3分，评价人员根据现场情况酌情给出0～3分；表4－2中4.1.1项最低分0分，最高分3分，评价人员根据具体情况参照评价要求给出0～3分。

表4－1　　服务过程—服务环境、服务人员测评表

序号	服务评价指标	服务评价标准					评分
1.1	服务环境—舒适度	0分	1分	2分	3分	4分	评分
1.1.1	温度22℃～28℃（夏、秋季）；18℃～24℃（冬、春季），不同区域差异不超过5℃	不符合			符合		

续 表

序号	服务评价指标	服务评价标准					评分
1.1.2	相对湿度 40% ~80%（夏、秋季）；30% ~60%（冬、春季）	不符合			符合		
1.1.3	公共区域噪声≤60 分贝	不符合			符合		
1.1.4	装修装饰美观大方、色彩自然明亮、光线（照明）充足	不符合			符合		
1.1.5	通风良好，无异味/烟尘/风(有一项均不得分)	不符合			符合		
1.1.6	办公桌物品摆放整齐有序	不符合		符合			
1.2	服务环境—清洁度	0 分	1 分	2 分	3 分	4 分	评分
1.2.1	公共区域卫生有专人负责定时打扫清理（每天不少于 2 次）	不符合		符合			
1.2.2	地面无尘土、无污渍、干爽、防滑	不符合			符合		
1.2.3	墙面无灰尘、无污渍、高位区域（离地面 5 米以上）无蜘蛛网	不符合			符合		
1.2.4	服务设备无灰尘、无污渍，用干净纸巾擦拭检查 30 厘米无明显脏痕	不符合			符合		
1.2.5	卫生间洗手盆、洗手台无尘土、无污渍，台面无积水	不符合		符合			
1.2.6	卫生间恭桶、便池洁净，无尘土、污渍（无卫生间不得分）	不符合			符合		
1.2.7	梳妆镜完好、无灰尘、无污渍(无梳妆镜不得分)	不符合		符合			
1.2.8	垃圾筒表面清洁，桶内垃圾≤1/2	不符合		符合			

续 表

序号	服务评价指标	服务评价标准					评分
1.3	服务环境—设备设施功能发挥	0分	1分	2分	3分	4分	评分
1.3.1	采暖、制冷设备、应急照明设施（或自备发电设施）可正常使用	不符合			符合		
1.3.2	公共卫生间可正常使用，洗手盆、恭桶、便池无堵塞、无滴漏	不符合		符合			
1.3.3	残疾人厕位功能完整，方便使用	不符合		符合			
1.3.4	人性化设施（叫号机、查询机、饮水机、显示屏）功能完整可使用	不符合		两项		符合	
1.3.5	服务问询台人员在岗，若离座，留牌示意，说明等待时间	不符合		符合			
1.3.6	监控闭路电视正常、画面清晰，定期保存监控资料，报警装置功能正常（以当地有关部门规定为准）	不符合			符合		
1.3.7	服务区域平面布局图和安全疏散指示图明确清晰有效	不符合		符合			
1.3.8	服务内容的标识牌、引导牌及服务流程牌，明确清晰有效	不符合			符合		
1.3.9	服务投诉电话有效，处理得当	不符合		符合			
2.1	服务人员—仪容仪表（需符合服务人员着装规范）	0分	1分	2分	3分	4分	评分
2.1.1	服务人员着装是否规范（穿汗衫、无袖上装、背心短裤、超短裙、露脐背装、拖鞋或拖鞋式凉鞋者得零分）	不符合			符合		
2.1.2	服务人员着职业装，服装整洁、无皱褶和污渍	不符合		符合			

续 表

序号	服务评价指标	服务评价标准					评分
2.1.3	工作标识牌或胸卡佩戴率100%，统一规范	不符合			符合		
2.1.4	服饰装束简洁大方，无怪异发型和发色	不符合			符合		
2.1.5	与组织服务人员着装规范中其他规定一致	不符合			符合		
2.2	服务人员—语言行为（需符合服务人员语言行为规范）	0分	1分	2分	3分	4分	评分
2.2.1	规范使用文明用语，无粗话、脏话和服务忌语	不符合				符合	
2.2.2	电话铃响三声内接起，有标准应答语	不符合			符合		
2.2.3	微笑服务，主动、热情	不符合				符合	
2.2.4	服务肢体语言得体规范，引导指示时使用手掌方式	不符合			符合		
2.2.5	回答问题耐心、有问必答	不符合		符合			
2.2.6	对老幼病残孕主动提供照顾	不符合		符合			

以上针对“环境设施、服务环境、服务人员”的评价量表，只是节选了STAR服务评价标准内容中的一部分，而更多的内容需要更多样的评价方法，本章“服务评价评的是什么”一节中会有详细描述。表4－1和表4－2的满分合计为124分，我认为评分达到74分即为合格分数。你的得分是多少呢？你是否从此评价量表的填写中得到了些许启发呢？服务评价标准就是要从企业外部对企业的服务做全方位的评价，就是要让所有的同行业企业都能够使用评价标准评价自己。

表 4－2　　服务资源—环境设施测评表

序号	服务评价指标	服务评价标准							评分
4.1	环境设施—设备设施	0分	1分	2分	3分	4分	5分	6分	评分
4.1.1	是否适应所在地气候，配备了采暖、制冷设备、通风设施	无	配有通风设备	配有制冷设备	配有采暖设备	—	—	—	
4.1.2	卫生间及相关配套设施情况	无	设有卫生间	配有梳妆镜	厕位有门锁及挂钩	提供卫生纸	提供洗手液	提供干手器或擦手纸	
4.1.3	受理大厅客户座椅配备情况	无配备座椅	配备座椅，但数量不能满足办理业务客户所需休息的合理比例	配备数量达到办理业务客户所需休息的合理比例座椅，但部分坏损	—	配备数量达到办理业务客户所需休息的合理比例座椅，且使用良好	—	—	
4.1.4	受理大厅是否配备叫号机、自助查询机、电子显示屏	无	配备电子显示屏	—	配备叫号机	—	—	配备自助查询机	
4.1.5	受理大厅无障碍设施配备情况	无	配备有无障碍设施，但无法使用或部分功能无法使用	配备有无障碍设施，可正常使用	—	—	—	—	

续 表

序号	服务评价指标	服务评价标准							评分
4.1.6	受理大厅是否配备有饮水机、足够数量的纸杯、废弃回收利用装置或垃圾箱	无	配备饮水机	配有足够数量的纸杯	配有废弃回收利用装置或垃圾箱	—	—	—	
4.1.7	受理大厅服务窗口设置情况，是否设置问询台、配有专职咨询人员	无	未设置问询台，但配有专职咨询人员	设置有问询台，并配有专职咨询人员	—	—	—	—	
4.2	环境设施—标牌标识	0分	1分	2分	3分	4分	5分	6分	评分
4.2.1	在办公场所显著位置设置有平面布置图、安全疏散指示图、设施相应的警示标识、服务内容引导或流程牌	无	设置有平面布置图	设置有安全疏散指示图	设有设施相应的警示标识	—	设有服务内容引导或流程牌	—	
4.2.2	标牌标识是否与实际内容相符	否	是	—	—	—	—	—	

从应用到理论的第二次回归

STAR 服务评价标准坚持“客观公正、科学严谨、全面准确”的原则。坚持“客观公正”的原则，即以客观事实为依据，给出公正的结论；坚持“科学严谨”的原则，即要采取科学的方法和严谨的态度；坚持“全面准确”的原则，即通过制定抽样方案，确定评价指标，在评价结果上全面准确地反映实际情况。

我认为服务标准应该重点关注那些与客户进行互动强相关的行动与过程。服务评价标准与服务标准的区别是：服务标准从组织内管理的角度出发，强调内部适用性；服务评价标准应更多从组织外的角度出发，强调外部通用性。服务评价标准独立于服务标准以外，是评价服务标准执行效果的（详见图 4－1）。

STAR 服务评价标准框架是以客户为导向的全过程服务评价标准架构，依据“以终为始、全程跟踪、反向梳理”的框架原则，以服务结果评价为起点，反向梳理与服务结果相关的输入资源、服务过程中的各个要素而构建（详见图 4－2）。

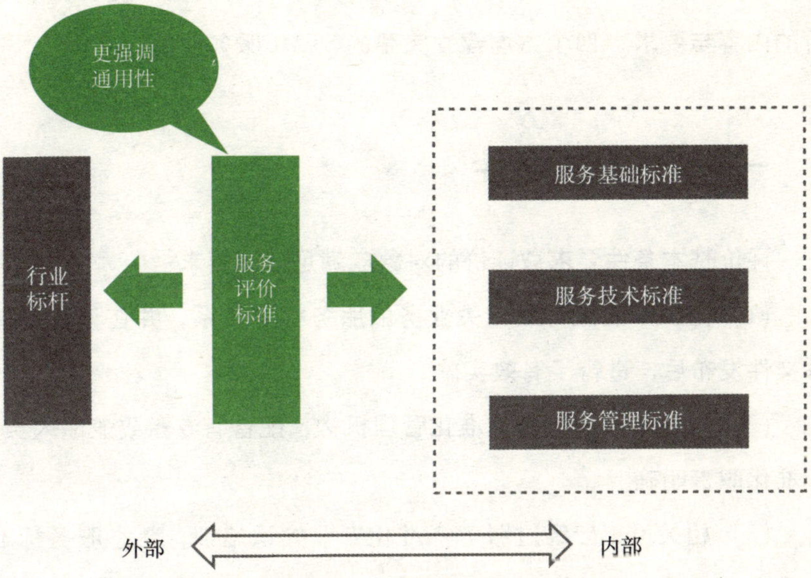

图 4-1　服务标准与服务评价标准关系图

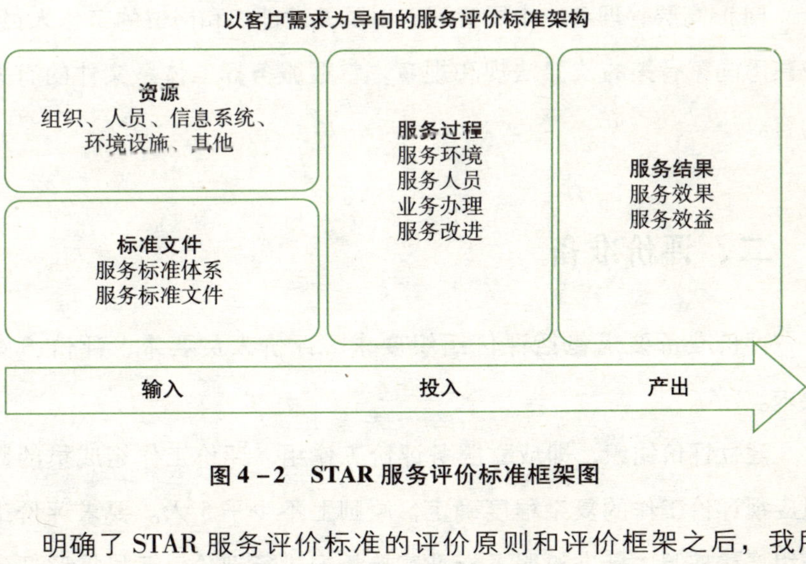

图 4-2　STAR 服务评价标准框架图

明确了 STAR 服务评价标准的评价原则和评价框架之后，我所管理的企业从“评价基本条件、评价准备、评价的程序与方法、评价的内容与要求”四个方面建立完整的STAR服务评价标准。

一、评价基本条件

评价基本条件要求被评价的对象应满足以下要求：

（1）建立了满足行业相关业务的服务标准体系，并在该标准体系文件发布后，进行了有效实施。

（2）设有专门的服务标准化管理机构，配备有专职或兼职人员，标准化职责明确。

（3）相关员工应经过服务标准化专业知识培训，熟悉服务标准化推广方面的方针、目标以及本部门、本岗位的职责、权限，掌握本岗位工作所执行的各项标准要求。

（4）高层管理者、中层管理者以及关键部门和岗位的工作人员，应熟悉国家有关的法律法规和规章，掌握服务标准体系文件的有关内容。

二、评价准备

评价准备要求包括评价组织要求、评价人员要求、评价方案要求。

建立评价组织，即成立服务评价工作组，评价工作组成员的数量应视评价工作的复杂程度确定，原则上不少于5人。要求评价工作组严格按照本标准对服务标准实施情况进行评价；严格按照评价计划要求的时间、地点、范围、方法和程序进行评价，对出具的评价报告负责；评价后，评价工作组需针对评价报告、发现的问题以及改进建议向被评价对象进行说明。

评价小组组员的构成，原则上要求在对企业的二级或以下组织进行服务评价时应以内部人员为主，对整个企业组织进行服务评价时应以外部人员为主。评价工作组应设组长一名，评价工作小组的职责和权限应事先明确，同时，还应明确评价组长及成员的职责、权限，任务明确，各负其责。评价小组人员要求，熟悉国家有关标准化方针、政策和法律法规，并掌握服务业标准化工作指南系列国家标准及相关专业知识，接受《服务评价标准》、STAR 服务标准工作的培训；熟悉所在行业特点，能识别和预见各级服务组织在服务过程中存在的问题；具有一定工作经验，有组织管理和综合评审能力，能够解决评价过程中出现的实际问题；公平公正，坚持原则，实事求是，保守被评价对象的商业秘密。

服务评价前，应制定周密的评价方案，以保证评价结果的准确性。评价方案应包括：确定评价工作的总体安排，包括任务分配、时间安排等；确定评价内容，依据服务评价标准评分表，针对被评价对象的具体情况，确定评价内容，保证准确衡量服务标准实施的效果。

三、评价程序和方法

评价程序和方法。评价过程应按照评价准备确定组织、人员、物资和评价方案；评价实施，按照评价方案对评价标准内容和要求中的各个评价项目实施评价；依据评价结果编写评价报告，并提交公司服务标准领导机构或推广机构。

服务评价一般采用的方法有：查阅制度文件、记录和报告；观察、访谈；满意度测评；神秘客户拜访体验；量化指标评价；抽样考试等。STAR 服务评价标准的评分结构，是需要结合评价企业的实际情况和行业相关服务标准规范，基于服务标准评价框架，分别对输入部分（服务资源、服务标准文件）、过程部分（服务过程）、结果部分（服务结果）的评价分数分配的，下面给出一套通用的评分结构实例（详见表 4－3）。

表 4－3　STAR 服务评价标准评分结构表实例

	分数	分项	分数	评价要求
服务资源	150	组织	30	参考评价内容和要求
		人员	20	参考评价内容和要求
		信息系统	40	参考评价内容和要求
		环境设施	40	参考评价内容和要求
		财务保障	20	参考评价内容和要求
服务标准文件	150	标准体系	60	参考评价内容和要求
		服务标准	90	参考评价内容和要求
服务过程	400	服务环境	60	参考评价内容和要求
		服务人员	40	参考评价内容和要求
		业务办理	200	参考评价内容和要求
		服务改进	100	参考评价内容和要求
服务结果	300	服务效果	150	参考评价内容和要求
		服务效益	150	参考评价内容和要求

服务评价评的是什么

在梳理清楚了 STAR 服务评价标准的“评价原则、评价框架、评价基本条件、评价准备、评价的程序与方法”几个方面之后，我所管理的企业又根据 STAR 服务标准对服务行为与服务要素的要求，建立起相应的评价内容和要求。根据评价标准框架可知，评价以服务结果为起点，反向梳理与服务结果相关的输入资源、服务过程中的各个要素，最终形成针对“服务资源、服务标准文件、服务过程及服务结果”的四部分评价内容。

一、服务资源评价

服务资源评价包括对服务标准组织、人员、信息系统、环境设施以及财务保障的评价。其中，组织关注于组织机构设置、职责权限、管理与计划、监督与检查等内容；人员关注于人员的设置和应知应会[①]水平；信息系统关注于业务信息系统、信息反馈系统、安全

① STAR 服务评价标准中的定义：应知应会是指特定岗位上的工作者应该掌握的基本知识和应该会做的基本技能。

信息系统方面的情况；环境评价关注于服务环境、设备设施以及相关管理制度建立、执行的情况；财务保障关注于财务资源方面的可获得性等内容。

1. 组织—机构设置

（1）设有服务标准领导机构和推广机构。

（2）拥有完整的机构成立的文件，其中明确了负责人及相关工作人员。

评价方法：查阅制度文件、记录和报告。如机构设置方案，人员组成名单，机构成立批复，成立会议纪要，公示文件等。

2. 组织—职责权限

（1）领导机构和推广机构职责、权限明确，并经由最高管理者授权。

（2）领导机构或推广机构定期召开服务标准工作会议，并有相应会议纪要或记录。

评价方法：查阅制度文件、记录和报告。如领导机构、推广机构职责内容、权限划分、授权方式等制度文件；领导机构或推广机构的定期工作会议纪要或记录文件等。

3. 组织—管理与计划

（1）制订有服务标准的管理办法和工作计划。

（2）制定有具体的实施方案，有明确的总体目标，并对总体目标进行分解，明确阶段目标、工作步骤、责任人和保障措施。

评价方法：查阅制度文件、记录和报告。如服务标准的管理办法、工作计划、实施方案等。

4. 组织—监督与检查

（1）制定有服务标准的监督与检查制度文件。

（2）制度文件中明确服务标准监督检查的机构、人员、运作方式、奖惩办法等制度。

（3）制定有明确的服务标准信息收集和分析方法，支持服务标准的持续改进。

（4）组织的服务标准管理效果。

评价方法：查阅制度文件、记录和报告，观察和访谈。如监督检查机构成立文件、服务标准信息收集和分析指南、服务标准改进工作备忘记录等；随机抽取相关人员进行访谈，了解服务标准组织方面的工作成效。

5. 人员—人员配置

（1）组织的服务标准主管部门至少配置一名专职的服务标准工作人员，二级及以下组织配置兼职的服务标准工作人员。

（2）专（兼）职服务标准工作人员拥有服务标准工作所需的知识，并有相关的证明材料。

（3）各级组织要建立服务标准培训机制，定期组织服务标准培训和考核，主要包括服务技能和服务意识培训。

评价方法：查阅制度文件、记录和报告。如服务标准专职人员、兼职人员管理办法、服务标准培训管理制度等。培训材料包括培训日程安排、参与人员签到表、培训评估总结等记录。

6. 人员—应知应会

（1）抽取组织的服务人员进行服务标准知识测试，根据实际情况在组织当中抽取一定比例的人员作为对象进行测评，测试题目从《服务标准知识测评题库》抽取，题目数量不得少于15题。

（2）考试满分为100分，80～100分为合格（含80分），80分以下为不合格。

（3）评定结果以合格率来体现，根据参与服务标准抽样考试的人员的合格率来确定该组织人员在应知应会方面的分数。

评价方法：采用抽样考试测评。

7. 信息系统—业务信息系统

（1）主要业务都已建立了相应的信息系统，并在提升业务效率方面起到明显的作用。

（2）制定有针对不同业务信息系统的规划、建设、管理、使用、维护流程规范及相应管理制度。

（3）设置有专门机构、人员对不同业务信息系统进行管理和维护。

（4）业务信息系统使用方便，经过一定的培训后基本能掌握使用。

（5）组织内部使用者对信息系统的使用效果认同。

评价方法：查阅制度文件、记录和报告，满意度测评。如让信息系统使用者进行满意度评分。

8. 信息系统—信息反馈系统

（1）专线服务咨询电话、网络在线查询系统、网络客户建议反馈系统、应急信息反馈系统完善，且运行状态良好，与客户沟通渠道多样化，如电话、网络、面对面、媒体等方式的反馈信息系统。

（2）制定有信息反馈的统一标准，如发文格式、报表格式、沟通语言等。

9. 信息系统—信息安全系统

（1）制定有保障信息安全，防止失密、泄密情况发生的管理制度和工作流程。

（2）制定有保障网络安全、应急网络故障处理预案。

（3）建立有完善的服务应急处理机制，并定期开展相关培训与考核。

评价方法：查阅制度文件、记录和报告，满意度测评。如信息系统规划，信息系统管理、使用、维护流程，管理机构、人员设置方案等；交接班记录，故障排查、优化升级记录文件等；随机抽取相关人员进行访谈，了解信息系统使用者满意程度。

10. 环境设施—设备设施

（1）有适应所在地气候的采暖设备、制冷设备、通风设施且设施完好能够安全有效运行。

（2）在受理大厅设置标识醒目的公共卫生间，暖风机、照明、通风设施完好，能够安全有效运行。

（3）受理大厅人性化设施设置齐全，设施完好能够安全有效运行，方便人员使用。设施包括座椅、叫号机、自助式查询机、电子显示屏、饮水机、纸杯等。

（4）自助设备应配有名称、操作使用说明等中英文对照服务信息；自助机具界面应显示安全提示和24小时服务电话。

（5）受理大厅应确保无障碍设施，保障残疾人员通行、使用方便。

（6）受理大厅明显位置设置有废弃物回收利用装置或可分类（果皮、有害物、其他三种分类）垃圾箱、碎纸机，整洁干净，方便使用且有专人负责定时打扫清理。

（7）受理大厅服务窗口设置有问询台，并有专职人员服务且配备有客户专用办公用品，可提供书写工具、书写整齐规范的单据填写范例；在醒目位置放置意见（评价）簿。

（8）受理大厅要及时向客户提供准确的服务收费价格信息。

11. 环境设施—标识标牌

（1）公司应制定视觉形象标准，公司名称、服务网点名称、营业时间等标识牌要规范统一。

（2）在办公场所入口处设平面布置图，在显著位置设有安全疏散指示图，表述清楚，便于理解。

（3）设施设备有相应的警示标识。

（4）显著位置设置服务内容的标识牌、引导牌及服务流程牌。

（5）显著位置标明服务投诉电话和流程。

12. 环境设施—员工着装

（1）有适应季节的统一职业着装，如夏季装、冬季装。

（2）有统一的工作标识牌，其上标有“姓名，工号，职务，所在部门”等人员识别信息。

13. 环境设施—环境安全

（1）服务窗口主要部位安装监控、报警装置。

（2）制定有突发性事件应急处理预案，定期开展相关培训。

评价方法：查阅制度文件、记录和报告，观察、访谈。如在现场观察逐一对评价内容进行评价；查阅相关制度文件，如受理大厅管理办法、布置方案等。

14. 财务保障—资金额度

建立以年度自有资金（包括股本金和未分配利润）数额量化指标反映组织的资金供给情况。

15. 财务保障—资金比例

建立以当年年底自有资金与营业收入的比例量化指标反映组织的资金保障情况。

评价方法：量化指标评价。按过去三年自有资金金额、自有资金占营业收入的比例平均值的大小进行分级评价。

二、服务标准文件评价

服务标准文件评价包括对标准体系及服务标准评价两部分。标准体系评价用于评价组织在构建服务标准体系上的专业性和完整性，注重其整体性以及能否反映并满足客户的关键需求；服务标准评价用干评价服务标准的具体撰写水平。

1. 标准体系—体系结构

（1）服务标准的体系结构分类专业、完整，涵盖组织提供的所有服务及其辅助需求。

（2）各个标准之间的接口清晰、明确，与国家标准、行业标准协调一致。

（3）标准体系中包括持续改进的内容。

2. 标准体系—客户需求适用性

（1）与客户建立畅通、实时的信息沟通渠道。

（2）保障沟通信息安全，保护客户隐私。

（3）客户参与到制定服务标准的过程中，并有制度保障。

（4）对未达到客户要求或出现问题的服务有相应的补救措施保障。

（5）在服务资源的提供上具有良好的公平、公正性，服务标准文件中不能有歧视性条款，确保客户对服务拥有选择权。

（6）有满足客户个性化服务需求的机制。

（7）建立有服务标准实施质量的承诺机制。

评价方式：查阅制度文件、记录和报告。如查阅服务标准结构图和业务详细介绍等，逐一对评价内容进行评价。

3. 服务标准

服务标准的撰写拥有统一的格式和逻辑，将每个业务分解为服务行为，并对每个服务行为进行清晰明确的描述，指导员工的工作。

（1）规范性要求：包括语言规范（口头或者书面）、仪容仪表规范（着装和装饰）和操作步骤规范。在服务标准文件中，针对每个服务行为的特点对上述规范进行必要而明确的说明。

（2）及时性要求：包括时间、频率（单位时间完成工作的数量）和频度（两次相同活动的间隔时间）要求。在服务标准中，针对每个服务行为的特点至少要明确这三个要求之一。

（3）准确性要求：是指服务行为的结果、传递给客户的过程信息以及为客户提供服务的方式是否与客户对该服务行为需求一致。

（4）经济性要求：是指服务标准文件是否能体现出成本意识和安全意识。保证客户的信息安全，合理控制财务成本、物料成本和人工成本，或者在一定成本支出下为客户提供增值服务。

评价方法：查阅制度文件、记录和报告，观察和访谈。如抽取10%～20%的服务标准，由评价工作组对这些服务进行STAR符合性评价，必要时需要相关业务人员解释标准内容，建议参考GB/T 24260消费者需求、STAR工作地图。

三、服务过程评价

服务过程评价包括对服务环境、服务人员、业务办理和服务改进方面内容的评价，是评价服务标准实施所创造价值的过程。其中，服务环境关注于环境舒适度、清洁度等方面；服务人员关注于仪容仪表、语言行为等内容；业务办理关注于业务前准备、业务办理过程中和业务办理后的各项操作是否与服务标准相符合，并满足客户需求适用性的要求；服务改进关注于组织选择、搜集、分析和管理数据、信息及知识的方法。

1. 服务环境——舒适度

（1）装修空气质量符合 GB/T 18883 等规定。

（2）公共区域噪声≤60 分贝。

（3）卫生间有专人负责定时打扫清理，无异味，整洁干净，卫生纸、擦手纸、洗手液等卫生易耗品充足且摆放整齐，便于取用。

（4）装修装饰美观大方、整体色彩明亮轻快。

2. 服务环境——清洁度

（1）地面无灰尘、无污渍、干爽、防滑。

（2）墙面无灰尘、无污渍、无水痕；高位区域（离地面 5 米以上）无蜘蛛网。

（3）鼠、蝇、蚊、蟑螂防治有效，密度控制在国家规定指标以内，符合《国境卫生检疫法》《公共场所卫生管理条例》等规定。

（4）设施设备无灰尘、无污渍，95% 的时间用干净纸巾擦拭检查 30 厘米无明显脏污。

3. 服务环境——设备设施功能发挥

（1）服务设施设备运转正常、安全无故障。

（2）服务设施设备功能发挥正常。

（3）服务设施标识标牌清晰有效。

评价方法：查阅制度文件、记录和报告，观察和访谈，神秘客户拜访体验。如对接待客户较多的服务场所，逐一对评价内容进行评价。

4. 服务人员——仪容仪表

（1）示牌服务。服务人员上岗须佩戴规范挂牌（胸牌）或摆放统一服务标识牌。

（2）统一着装。服务人员应按要求统一着装，保持服装整洁合体。

（3）仪容仪表。服务人员发式应端庄大方，佩戴饰物应简单得体，女员工应着淡妆上岗。

5. 服务人员——语言行为

（1）举止文明，要善于倾听，言谈得体，语言要规范、准确、简洁，语句清晰，音量适中。

（2）微笑服务，服务语言要以普通话为主；如遇使用方言客户，要以普通话首问，可根据客户回答情况调整用语。

（3）无粗鲁言语行为，要坚持使用“您好、请、谢谢、对不起、再见”等文明用语。避免使用专业术语，便于客户理解。

评价方法：神秘客户拜访体验。委托客户或聘任第三方神秘客户对服务人员在服务交付中的态度、行为、办理过程进行评价。

6. 业务办理——符合性评价

抽查主要业务的办理过程，记录服务全过程评价与服务标准的一致性。

7. 业务办理——客户需求适用性

(1) 保障沟通信息安全，保护客户隐私。

(2) 在服务资源的提供上体现良好的公平、公正性，服务标准文件中不能有歧视性条款，确保客户对服务拥有选择权。

(3) 有满足客户个性化服务需求的机制。

(4) 建立有服务标准实施质量的承诺机制。

评价方法：观察、访谈，神秘客户拜访体验。如由评估人员观察或聘任神秘客户对20%的关键业务办理过程进行评价。评价与服务标准的一致性以及客户需求的适用性。

8. 服务改进——测量分析

(1) 服务数据与信息收集机制的运转水平。建立有选择、收集、整理服务数据和信息的机制；制定使员工、供方和合作伙伴及顾客在适当时易于获取这些数据信息（如投诉、建议等）的方案；配备有获取数据或信息的设施（包括软件、硬件系统），以满足组织服务评价及改进的需求。

(2) 服务数据与信息的分析水平。能够对服务数据所包含的信息进行有效的分析与挖掘，并对客户服务水平的提升有明显的促进作用。

9. 服务改进——改进与共享

(1) 服务改进过程。建立明确的基于测量分析的服务标准改进制度，其中有明确的服务改进工作流程。

(2) 改进知识的共享与传递。制定服务改进内容知识管理和共享的办法及工作流程，让整个组织都能及时分享服务改进的最佳实践。

评价方法：查阅制度文件、记录和报告。如服务评价信息获取、管理等制度文件、表格、工作流程，服务改进方案及相关记录；查阅投诉档案、投诉改进记录和抽查客户投诉满意度。

四、服务结果评价

本条款用于评价组织在服务标准方面的绩效和改进，包括客户满意度、市场占有率、资产利润率、社会效益等。其中，服务效果关注于组织标准实施后客户与市场的结果，包括客户满意度、市场占有率结果。适当时，将结果按客户群、服务类别（如船代、货代）进行划分；服务效益关注于服务标准实施后的财务绩效和社会效益，包括资产利润率、纳税金额、吸纳社会就业人数的增长率、公益社会奖励等。

1. 服务效果——客户满意度

聘用第三方机构或者由评价工作组自己针对不同客户群体进行客户满意度调查，依据如下公式将满意度换算成相应的分数。最终评分 = 满意度 ÷ 最高满意度 ×80，其中最高满意度可参考第三方机构的报告。

评价方法：满意度测评。可以由评价工作组或者聘请第三方机构进行满意度调研。

2. 服务效果——市场占有率

将组织不同业务在经营区域内的市场占有率按各个业务的营业收入的多少进行加权平均，市场占有率在60%以上得满分70分，小于等于60%时按如下公式换算成相应的分数。评分=市场占有率÷60%×70，其中60%是综合考虑国内外代行业的特点及国家对企业反垄断的相关要求而确定的。

评价方法：量化指标评价。根据政府或者港口集团统计的数据计算出市场占有率。不同业务按不同要素计算市场占有率，如：船舶代理可以按代理的船数、货运代理可以按货物重量（吨）。

3. 服务效益——经济效益

建立以资产利润（对总资产的贡献程度）量化指标反映服务所产生的经济效益，将过去三年资产利润的年均增长率作为衡量，增长率在15%以上得满分70分，小于等于15%按照如下公式换算成相应的分数。评分=（资产利润过去三年年均增长率÷15%）×（70－过去三年出现负增长次数×5）。其中，年均增长率公司按照如下计算，15%是综合参考外代行业特点及上市企业规范中对合理年均增长率规定而确定的。举例：以计算2008—2010年年均增长率为例，其计算公式为：（过去三年的企业就业岗位年均增长率，以2010年为当年基准值）就业岗位年均增长率=（2010年就业岗位人数÷2008年就业岗位人数）（1/3）－1。

评价方式：查阅制度文件、记录和报告，量化指标评价。如参考第三方机构出纳的市场分析报告或组织开展调研。

4. 服务效益——社会效益

本条款评价服务标准实施后的社会效益情况，包括纳税、吸纳社会就业、诚信落实及社会责任三个方面的内容。

（1）对企业纳税金额同比增长率进行评价，以反映服务标准实施后的社会效益，按如下公式换算成相应的分数。评分=纳税同比增长率÷15%×20。其中15%是依据相关标准中关于资本利润年度增长率的上限值而确定的。举例：量化指标评价。

（2）对组织就业岗位增长率进行评价，以反映服务标准实施后对吸纳社会就业人员的贡献，按如下公式换算成相应的分数。评分=吸纳就业人数过去三年年均增长率÷8%×20。其中8%是结合外代行业特点和服务产业一般就业率水平而确定的。

评价方式：查阅制度文件、记录和报告，量化指标评价。如参考第三方机构出纳的市场分析报告或组织开展调研。

（3）评估组织在诚信方面所获得的社会认可，如证书、公开信、表扬信等形式以及组织在促进所在行业发展、维护公共安全、环保等公益方面所开展的活动，编制企业社会责任报告并予以公布。评分按如下各项进行给出：诚信认可及社会公益活动情况；定期发布企业社会责任报告；开展公益类活动，受到诚信方面的认可，并形成规范机制；定期开展公益类活动，并受到社会较好评价；偶尔开展公益类活动。

评分等级：30～40分、15～30分、15～0分。

评价方式：查阅制度文件、记录和报告，量化指标评价。如参考第三方机构出纳的市场分析报告或组织开展调研；查阅相关制度文件或记录，如财务报表、活动方案、社会责任报告等。

尽管标准千变万化，模式却是一通百通

随着服务评价标准的制定，STAR服务标准体系的四部分标准全部完成，标准体系终于完善。从服务质量的维度思考，到STAR工作地图四维度的确定；从企业服务标准建立的理念萌发，到服务标准化的完成；从应用方法的不断摸索，到服务标准导入信息化平台；从内部服务标准的研讨，到外部评价标准的制定。我和我所管理的企业经历了一个个困难、摸索、尝试、失败、再尝试的反复过程，这些过程让我和企业都受益匪浅。我所管理的企业逐步从人治走向了法治，从散漫走向了规范，从纷繁的纸面信息流转走向了业务信息化，成长为了业内标杆。其中的困难不足与人道，但其中的经验异常宝贵，如能够与管理者们分享不是很好的事吗？

中国有句古话叫“授人以鱼，不如授人以渔”，说的是传授给人既有的知识，不如传授给人学习知识的方法。如果说STAR服务标准体系的内容是“鱼”的话，那么如何建立标准体系的过程就是“渔”。“鱼”——服务标准是需要企业应用到内部管理上的，需要一定的特殊性，因为每个企业的资产背景、管理团队、员工组成、企业文化、经营环境都不尽相同。细致的企业服务标准，即使在同一行业内，也难以分享推广、统一使用；而笼统的服务标准，更像是服务评价标准，而不是针对管理细节的服务标准，很难指导企业的日常工作细节。“渔”——STAR 服务标准体系建立和应用的过程，即是我所管理的企业为提高服务质量一系列的管理探索与尝试过程，这是有价值的过程。我认为这个过程中总结出来的管理模式，不仅在我所管理的企业里切实可行，在大部分的中国企业中都可操作。服务标准可以千变万化，只要学会了这套服务管理模式，随机应变地制定符合自己企业的服务标准并充分应用，都可以有效地达到规范服务行为、提升组织效率、降低管理成本、避免差错的目标，进而提升企业的服务质量。

第五章

从星级标准走向管理模式

什么是 STAR 服务模式

模式（Pattern）就是解决某一类问题的方法论。STAR 服务模式，即是通过建立和应用 STAR 服务标准体系，解决企业服务质量问题的管理方法论。

需要强调的是，由于服务本身的特性，学者们对服务质量概念的研究完全跳出了有形产品质量的概念模式，大都从顾客对质量的理解和感受这一角度进行研究。服务质量评价也都是围绕着客户需求满足的主观感受定义的，所以提到服务质量就离不开其中包含的客户主观感受、心理要素等成分。本书则针对服务质量中的客户感受与客观过程两部分，将服务质量分为态度层面和程序层面两部分。STAR 服务模式主要针对服务质量的程序层面，即能够用科学管理的方法实现标准化的部分。需要企业文化影响的部分，我将会在全面均衡管理系列丛书后续的企业文化相关书籍中详述。

提到质量管理，人们会想到泰勒的科学管理、戴明的 PDCA 循环、全面质量管理（TQM）理论、精益质量管理理论等，这些都是基于有形产品的质量管理理论。服务质量因其构成要素、形成过程、考核依据、评价标准均有别于有形产品质量，故其更多的应用于企业服务评价、服务营销学等领域，而将服务质量直接应用于企业日常管理中，是 STAR 服务模式的一大创新。

STAR 服务模式是要求使用 STAR 工作地图这一分析工具，通过价值链分析、流程梳理、工作分析的方法，建立一套 STAR 服务标准体系，并通过5 日滚动的信息化平台应用服务标准，最终实现服务节点设计、服务过程控制、服务结果评价、服务问题改进的服务质量管理循环（详见图5－1）。

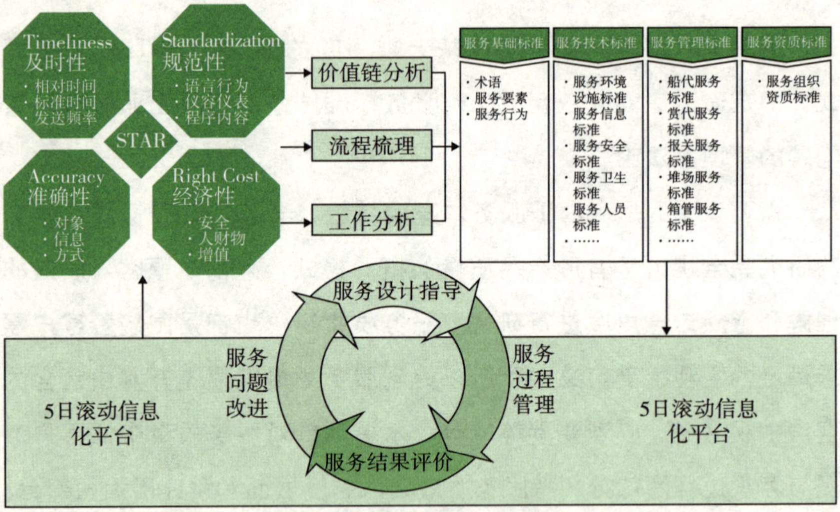

图5－1　STAR 服务模式

STAR 服务模式的四个关键要素：

（1）STAR 工作地图，即服务质量的 4 个因素 12 个维度，服务质量分析的思考模型。

（2）业务分析的三种方法，即价值链分析、流程梳理、工作分析三种方法，针对具体的服务活动进行从分类到细节的全面梳理分析。

（3）STAR服务标准体系，包含服务基础标准、服务技术标准、服务管理标准、服务评价标准四部分的标准体系，能够全面细致地规范和指导服务活动。

（4）5日滚动信息化平台，基于滚动协同四维管理法设计的信息化业务平台，能够高效的实现服务标准落地。

通过四个关键要素的配合，最终要实现“服务设计指导、服务过程管理、服务结果评价、服务问题改进”的服务质量管理PDCA循环。那么每个要素都有哪些特点，几个要素间又是如何运作配合的呢？本章的后续，我会针对各个要素进行详细描述，并给出实现STAR模式的五大步骤。

STAR 服务模式的子概念及其内在关系

一、STAR 工作地图

STAR 工作地图是服务质量分析的思考模型，其中包括 4 个因素 12 个维度，将其绘制成四因素图并用于构建 STAR 服务标准体系，故称为 STAR 工作地图。STAR 工作地图是制定 STAR 服务标准的核心分析工具，其四个维度分别是规范性、及时性、准确性、经济性（详见图 1－3）。

值得注意的是，在实际企业管理中，STAR 工作地图将重点对服务点、服务线和服务面产生作用，例如，业务类 OTD 项目的实施，在 OTD 项目的每一个关键节点中，都包含有若干个基于 STAR 工作地图所形成的标准服务点，服务点的内容包括执行人角色、执行规范、执行的标准时间等，这些服务点既是执行标准，又是检验标准，还是内部考核标准。执行人对自身所负责的服务点的准时交付，就是对上下工序负责。这么做的好处至少有两个：其一，目标明确，基于服务点的标准，执行人知道“我需要什么时候提交什么结果”，其与他人间有了明确的沟通依据与原则；其二，定位精准，对于许多原来难以确定症结在哪的执行问题，在逐一服务点的检验与考核中显露无余，大大地提升了企业和员工自我改进的效率（具体 OTD 项目实施，详见《准时交付（OTD）管理法》一书第五章）。

二、STAR 服务标准体系

STAR 服务标准体系，指包含服务基础标准、服务技术标准、服务管理标准、服务评价标准四类标准的服务标准体系（详见图 2－1）。

服务基础标准是 STAR 服务标准体系的地基，服务技术标准和服务管理标准是两大承重支柱，服务评价标准是屋顶。STAR 工作地图是构建标准体系这座大厦的核心工具（详见图 5－2）。其中，服务技术标准依据服务过程中的技术要求进行分类，主要对提供服务应配置的人员、环境、制度等技术领域的服务要素进行规范；服务管理标准主要依据组织服务业务进行分类，主要对各类业务活动的服务行为进行规范。

三、STAR 服务标准的定义

STAR 服务标准是规定服务应满足的要求集合，是 STAR 服务标准体系中的具体标准。如：窗口 STAR 服务标准等。STAR 服务标准体系的组成部分，也是 STAR 服务模式运用的成果，服务标准需要根据 PDCA 管理循环不断地修正、改进。

图 5－2 STAR 服务标准体系结构图

四、服务要素的定义

服务要素是构成服务技术标准的基本单元，它是对客户服务过程中某一类技术要求的要素分解。服务要素可从服务技术要求的“人员素质、环境设施、沟通机制、信息技术、服务举措”五个领域中分析获得。对各个服务要素进行标准化的定义与说明，将为各类服务技术标准的构建打下坚实的基础，并有效提升服务资源支持与硬件要求。

五、服务行为的定义

服务行为是为客户提供有价值输出，并且独立具有意义，通常由一个岗位完成的最小服务单元（过程）。服务行为可从服务活动的“服务研发、服务营销、服务实施、服务管理”四个领域中分析获得。服务行为是构建服务管理标准的基本单元，对各个服务行为进行标准化的定义与说明，将为各类服务管理标准的构建打下坚实的基础，并有效提升服务规范化与精细化。

六、5日滚动信息化平台

5日滚动信息化平台是天津外轮代理公司通过信息化手段，基于规范化STAR服务标准导入，实现服务计划的滚动跟进、服务过程的沟通协同、服务质量的持续改进，为达到客户零抱怨、安全环保零事故、服务零待时和昼夜计划零缺陷目标的信息化业务平台。平台由九个模块组成（详见图5-3）。

基础信息录入模块，实现了统一数据信息格式与接口，由计划员、外勤业务员、调度员、进口单证、出口单证、综合服务、商务等不同岗位分权限录入不同数据，最后形成统一的标准数据，并共享信息数据库。以此方式保证每条数据信息都有人负责，避免重复录入，避免数据冲突。

协议费率模块，首先单船分航线、分委托方建立费率维护数据表，然后或根据协议费率、或一船一议价，由费率表单生成航次账单。STAR服务标准模块，导入服务标准，将业务操作过程中具体的服务动作按照及时、规范、准确、经济四个维度建立标准信息库，选择一个或多个服务点可组成服务线，选择一个或多个服务线可组成服务面。

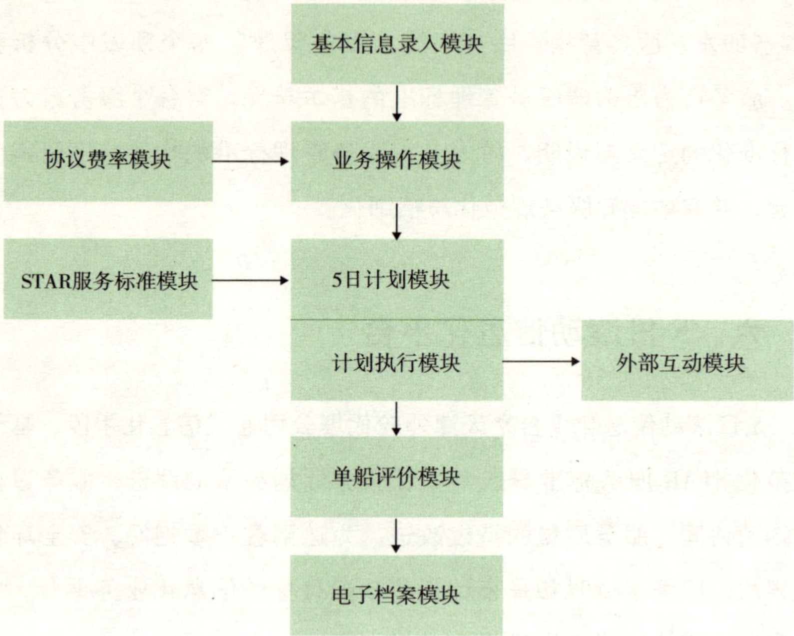

图 5－3　5 日滚动信息化平台组成模块

5 日计划模块，按业务不同从 STAR 服务标准信息库中查看服务点列表，选取添加到计划中；依据服务标准条款内规定的时间，在 ETA/ETB/ETD 时间基础上自动计算得出计划完成时间；系统记录操作动作，确认完成时间。即选取服务点，生成服务计划，执行计划的过程。

单船评价模块，根据单船进港到完船进行的各项操作事项的完成情况自动进行打分评价，打分结果可供员工绩效参考。电子档案模块，对完船所有文档进行整理归档，可满足全文检索、导出、打印等功能，系统自动生成表格各种表格、报告。外部互动模块，主要针对不同的客户，在现有数据基础上进行展现。个性化定制客户登录主页界面，展现与其相关的信息，如：短信提醒相关船动态。

STAR 服务模式实施五大步骤

全面均衡管理是我的所有管理思想的核心，全面均衡管理系列丛书的第一册《10 周可以改变什么》介绍了滚动协同四维管理法，并告诉读者如何在 10 周内导入这套管理方法，引导企业进入一个良性的管理循环。一个企业导入 STAR 服务模式又需要多久呢？我所管理的企业用了 3 年的时间，将 STAR 的思想萌芽变成了实实在在运行的 STAR 服务模式。回过头来看，也走过弯路，也曾经在岔路上走不通转回来重新开始，如果现在让我再为一个全新的企业建立 STAR 服务模式，我认为可以充分运用四个关键要素，通过五个步骤全面实施 STAR 服务模式。

1. 充分理解 STAR 服务标准的四个维度，学会使用 STAR 工作地图思考与分析

客户导向是很多服务业企业大力宣传和倡导的，可又有几个企业做到了呢？怎么才能做到呢？客户导向只是市场部门的事情吗？我认为，当一个企业的所有员工都在思考："我们的客户需要什么样的服务？从哪些方面改进我的工作能够满足客户的需求？"的时候，这个企业就真正做到了客户导向。

STAR 工作地图用图形的方式展示了客户对服务质量要求的维度，易于理解、方便记忆，经过培训和宣传很容易让员工学会这种简单好用的思考分析工具。当每一个员工工作时，都能想到客户的需求是“及时高效低成本、规范准确少差错”，都能想到从“规范、准确、及时、经济”四个维度改进业务，企业迸发出的能量是无法想象的。

2. 了解 STAR 服务标准体系的框架，撰写 STAR 服务基础标准的内容

从 STAR 服务标准体系内容定义可以了解到，四项服务标准构成了体系大厦，基础标准是地基，技术、管理标准是支柱，评价标准是屋顶，四项标准相互配合，缺一不可。企业要制定自己的 STAR 服务标准体系，就需要从基础标准开始，针对自己企业的特性统一规范术语与定义、制定编码规则、确定标准撰写方法。完善了服务基础标准，就是为建立标准体系大厦打牢了地基。

3. 使用价值链分析、流程梳理、工作分析的方式全面分析服务资源、服务过程，撰写服务技术标准、服务管理标准

服务技术标准主要是由涉及五个领域（人员素质、环境设施、沟通机制、信息技术、服务举措）的多条服务要素构成，服务管理标准主要是由四个业务活动领域（服务研发、服务营销、服务实施、服务管理）的多条服务行为构成。首先通过价值链分析，划分合理的服务线；使用流程梳理的方法绘制具体的流程图，确定关键节点，针对关键节点规范服务行为和服务要素；然后对关键的岗位或流程节点进行工作分析，优化并确定服务线、服务点（服务行为）、服务要素的标准要求。最后根据分析归纳出的服务行为、服务要素撰写

服务管理标准、服务技术标准。

表5－1、表5－2是我所管理的天津外轮代理公司针对进口船舶服务的一个分析表格片段，通过价值链分析确定服务领域、服务线，针对每个服务线进行流程梳理确定服务点（服务行为）、服务要素（详见表5－1）。

表5－1 服务行为识别表

服务领域	服务线	服务点（服务行为）					
服务研发	市场识别	客户服务需求调查	客户服务需求分析	—	—	—	—
	服务设计	新服务设计	新服务效果评估	—	—	—	—
服务营销	营销管理	市场计划制订	市场调研报告	发布市场周报	揽货	—	—
	销售管理	发布船期表及运价	报价信息反馈	—	—	—	—
服务交付与实施	班轮船舶动态安排	建立船期表	发送动态报	船舶动态安排	出港动态安排	特殊货物处理	—
	船舶动态处理	动态传输联系	5口平台船舶动态维护	进港动态预判	出港动态追踪	抵口报发送	船舶登记
	进出口联检手续办理	船舶信息录入	进口联检—海事局申报	进口联检—检疫局申报	进口联检—边防站申请	进口联检—海关申请	—
	报告制作	发送靠泊报	发送开航报	开船图制作	开船报告制作	—	—
	进口单证操作	建立进口船舶业务档案	进口数据录入	进口数据发送	进口危品申报	特殊货物处理	进口费用录入

续 表

服务领域	服务线	服务点（服务行为）					
服务管理	服务评估改进	服务质量电子问卷信息收集	服务质量窗口信息收集	—	—	—	—
	客户关系管理	建立客户档案	收集客户信息	制订拜访计划	拜访客户	制订客户接待计划	办公室会客
	满意度管理	客户满意度数据分析及改进建议	客户投诉受理	传递客户投诉	解决客户投诉	—	—

服务点（服务行为）与流程最好能一一对应，或者一个服务点（服务行为）下对应多个流程，这样便于整体跟踪、确认、研讨、修订与调整。如果服务点切分太小，将使标准内容过细，很难与业务信息化系统结合。服务要素的总结是伴随着服务点（服务行为）分析进行的，对每一个服务点在技术领域的要求进行归纳总结，即可生成服务要素的内容（详见表5－2）。

表5－2　服务要素识别表

技术领域	服务要素				
人员素质	服务人员着装规范	服务人员身体语言规范	—	—	—
环境设施	办公桌物品摆放	航运中心人性化服务设施	服务标识安装与摆放	—	—
沟通机制	重要/紧急信息反馈	客户邮件询问信息反馈	客户电话询问信息反馈	收发邮件	打电话
信息技术	服务人员计算机软件安装规范	服务信息备份	服务档案分类	计算机定期维护	箱管数据系统维护
服务举措	首问负责制	—	—	—	—

4. 使用信息化手段，实现STAR服务标准与日常业务工作接轨，用标准指导工作，用工作实践标准，实现服务质量管理的PDCA循环

企业管理离不开制度、规范、标准等文件，管理文件的落实工作是所有管理者都绕不开的难题。多少企业的岗位说明书因为跟不上岗位职能的快速变化，而被束之高阁；多少企业为标准化认证而梳理的文件资料，在认证完成时就被锁进了档案柜；又有多少企业在轰轰烈烈的流程优化项目之后，除了得到绘制完成的流程图，工作依然照旧进行着。这就是俗称的：制度、工作两张皮，你规定你的，我干我的。这其中当然有制度设计不切实际的问题，但是执行力不足是更大的原因。

近年来飞速发展的信息化技术，为管理制度的落实开辟了一条高效率、低成本的可行之路。现在企业可以方便的定制自己的业务信息化系统，只要管理者能够想到的管理需求，专业的IT公司几乎都可以满足。而前三个步骤中完成的STAR服务标准，服务管理标准中的服务点（服务行为）是根据流程梳理的关键流程节点设置的，故服务点可以连接起来构成服务线，而不同的服务线就构成了整个服务过程，服务技术标准中的服务要素又是围绕服务点（服务行为）的支持技术而定义的。所以，STAR服务标准可以直接导入业务信息化系统中，成为指导工作的规范，同时成为衡量工作的标准。

信息化业务平台最大的好处就是实时监控与数据记录，基于服务标准的信息化平台，管理者可以实时了解服务过程，针对突发服务问题进行及时干预；而所有的服务过程数据都会记录在数据库中，通过历史数据分析，管理者可以轻松发现服务问题隐患，及时调整

服务标准改进服务，最终实现服务质量的 PDCA 管理循环。

5. 使用内部考核、外部评价的方式，评价 STAR 服务标准的应用及效果，撰写 STAR 服务评价标准

当 STAR 服务标准和信息化业务系统结合，其最大的优势就是可以充分地暴露服务问题。以往员工服务达不到标准要求的情况，只要客户不投诉，管理者很难及时发现，长期的积累结果就是服务质量习惯性不到位，服务问题不断积累。基于 STAR 服务标准的业务系统，让员工的工作计划、工作过程、工作结果都公示在信息化平台之上，完全暴露服务问题。发现问题就要想办法解决，内部考核体系必不可少，有针对性地制定内部考核目标，可以引导员工更好的执行服务标准，减少服务问题。

STAR 服务标准尽量地站在客户的角度完善服务，并在内部不断地提高标准执行力，但服务质量的优劣最终还是要问客户感受。服务标准是否合理？是否符合客户需求呢？如果服务标准制定有悖于客户需要，岂不是执行力越好客户感受越差。所以，STAR 服务标准体系最后的完善需要服务质量的外部评价标准。STAR 服务评价标准，是站在企业外部对企业提供的服务进行整体性评价的一套标准，它在同一行业内具有一定的通用性。在撰写这套标准的过程中，企业可以充分借助外部力量，邀请同行业企业、客户代表、行业专家共同起草标准细则，从而推动行业标准的建立与完善。

当然，模式的建立，重要的不是形成一系列的文件，而是真正给企业带来蓬勃的生命力，带来效益。这也是 STAR 服务模式建立过程中企业所坚持的重要观点。在我所管理的企业里，基于 STAR 服务模式，一批满足细分客户需求、提升企业服务水平的服务产品

应运而生，广受各方欢迎。例如，把客户“及时”需求放在第一位的 OTD 项目管理服务，把客户“成本”作为第一需求的 Right Cost 商务服务，把合作伙伴内部的“准确”需求视为首要需求的 5 日计划平台导入服务等。

而对于阅读此书的你而言，或许本书描述的服务点、服务理念并不完全适合你所在的企业。但是，相信我所在的企业对于 STAR 服务模式探索的历程，我们所遇到的管理问题以及解决方式，能给你带来一次服务管理的思想启迪，一种构建自有服务模式的参考，一个全新的服务体验视角。

第六章

开一扇体验星级服务的窗

企业的“笑脸”——服务窗口

服务包罗万象、错综复杂，对服务业的科学分类非常困难，至今尚无统一的服务业分类方法，我国关于服务业的分类主要依据《国民经济行业分类》(GB/T 4754—2002)。标准中将服务业分为15个门类（详见表6－1)、47个大类、80个中类、339个小类。

表6－1　我国服务业分类（2002)

F	交通运输、仓储和邮政	N	水利、环境和公共设施管理
G	信息传输、计算机服务和软件	O	居民服务和其他服务
H	批发和零售	P	教育
I	住宿和餐饮	Q	卫生、社会保障和社会福利
J	金融	R	文化、体育和娱乐
K	房地产	S	公共管理和社会组织
L	租赁和商务服务	T	国际组织
M	科学研究、技术服务和地质勘察		

由表6－1可见，服务业涉及领域广泛，面对如此差异化的服务业群体，其中的企业也必然有千差万别。而提到服务业企业，让人首先想到的是提供窗口服务的企业，如：银行、电信运营商、邮政

局等。隶属于以上 15 大类的服务业企业虽然业务差异巨大，但是其针对客户的服务性质使很多企业都需要提供窗口服务。

在本章，我将以我所管理的天津外轮代理有限公司（此后简称天津外代）的服务窗口为例，介绍 STAR 服务模式在窗口建设的导入过程。2012 年，航运中心窗口通过了中国质量协会组织实施的“全国企业现场管理星级评价”，获得了现场管理最高级别奖项“五星级窗口”称号。

服务窗口是一个服务业企业给所有客户的第一印象，是企业服务形象展示的最前端。窗口的风貌代表了企业的风貌，窗口的建立是企业提高客户满意度的必由之路。天津外代的服务窗口曾经是客户投诉、员工抱怨最多的部门，是企业内部出了名的“三大不满意”部门。STAR 服务模式的运行让服务窗口脱胎换骨，一跃成为了提供优质服务标杆部门。

服务窗口的建设困局

航运中心窗口作为天津外代的一个重要对外窗口，主要负责进口放货、进口放提、出口放提、进出口核费业务。航运中心窗口的“三大不满意”指的是客户不满意、员工不满意、管理者不满意。其中客户不满意是指客户抱怨排队太久、重复排队，服务问题、差错不断导致客户投诉不断；员工不满意是指员工抱怨工作负荷重，每天加班到8、9点还有干不完的活；管理者不满意是指部门管理者反映人手不足、资源不足，财务部门提出现金流太大，风险高。我更不满意，一个应该展示公司形象的服务窗口，却成了客户反映问题最多的部门，服务窗口的改革势在必行。要变革就要先找到问题，经过管理团队多次实地考察，发现下面一些可见的问题。

（1）航运中心刚建立，现在的航运中心窗口也是在短短两个月内建成的。在这么短的时间内，把之前分散的各职能岗位集中在一起工作，大家对工作环境不适应，彼此配合也不够默契。

（2）窗口涉及“进口放货、进口放提、出口放提、进出口核费”几项业务，窗口职能是根据业务过程的步骤划分，一项业务需要经历几个窗口的手续办理才能完成。这导致客户办理一项业务，就需要在不同的窗口排队几次，重复排队现象严重；办理多项业务就容易因为业务资料、流程不同，被搞得晕头转向。

（3）航运中心共 14 个窗口，前台工作人员 20 个，后台工作人员 30 个，统一在窗口办公。前后台办公区域划分不清晰，导致前台办理业务时的忙碌、抱怨声影响后台工作，后台人员的接打电话、来回走动也会分散前台人员的注意力。混乱的工作状态影响质量和效率，问题差错也不断出现。

（4）航运中心 14 个窗口中 2 个窗口为财务窗口，所有财务业务办理都收取现金，而客户每单业务都需要缴纳几万元的现金，数额较大。这就导致窗口工作效率低，排队现象严重，同时窗口每日收取现金额度巨大，存在风险。

（5）窗口服务业务量大且不均匀，窗口没有能根据业务量的变化调整工作方式和状态。每天下午大量业务堆积，导致工作人员每天需要加班几小时。

（6）航运中心窗口没有设置大厅引导人员，没有设计排队等候区域，没有公示业务办理流程。整体来看，窗口服务缺乏对客户的人性化关怀。

能够观察到的都是问题的表象，而表象背后深层次的原因是什么呢？面对如此多的问题，该从何处下手改变呢？当时 STAR 服务模式在公司业务管理中初见成效，我决定在航运中心窗口全面推行 STAR 服务模式。

从 STAR 服务模式到星级窗口建设

根据本书第五章的描述，实施 STAR 服务模式需要抓住四大要素，执行五个步骤。在天津外代已经完成了前两步的工作，所以建立服务窗口的 STAR 服务标准，就是要使用流程梳理、工作分析的方式全面分析窗口服务，按照 STAR 工作地图的结构撰写服务技术标准、服务管理标准，在使用信息化的方式应用服务标准。为了此项工作，我亲自挂帅成立了服务窗口变革工作组，下文中简称工作组。

航运中心窗口涉及“进口放货、出口放提、进出口核费”几项业务，共设 14 个窗口，窗口功能根据业务步骤设置。工作组通过与窗口人员进行业务探讨和职责访谈等方式，深入了解窗口岗位的业务构成与业务流程；通过收集窗口以往业务量数据、观察窗口员工的工作行为，对窗口关键岗位的工作量进行深入分析，为服务模式变革提供有力支持。期间工作组观察了 11 个窗口员工的工作行为，包括 2～10 号和 13 号窗口，收集并分析了航运中心窗口近三个月的每月第三周工作量数据。经过流程梳理与工作分析，工作组得出四个主要观点。

一、一站式服务是航运中心提升服务的必然趋势

航运中心窗口职能根据业务步骤设置，1~4号窗口职能：进口换单；5号窗口职能：进口放箱；6号窗口职能：出口核单；7号窗口职能：进口核单；8号窗口职能：打印EIR、收取铅封费；10号窗口职能：箱管缴费；13号窗口职能：换单缴费。以“进口放货”为例，工作组绘制了进口放货的流程图（详见图6-1）。

由流程图可见，进口放货业务涉及5类窗口的工作，这就意味着客户办理这一项业务就至少需要在5个窗口分别排队换单。其他业务流程图在此不一一列举了，情况和进口放货业务流程相似，每一项业务都需要分别在几个窗口排队办理才能完成。

工作组进一步统计分析了各窗口工作量，为了工作分析的精确性，工作组将所有日常工作区分为业务工作与辅助工作两类。业务工作即业务办理工作；辅助工作包括整理、分发单据，更换打印纸张，接、打业务咨询电话，接受客户现场业务咨询，客户特殊需求处理，整理档案，内部业务探讨，查阅专业书籍资料等。工作组假设各个窗口员工对同一业务的办理具有行为一致性，观察日辅助工作与业务工作的比例具有典型性；并定义标准工作时间为7小时，即8：30~16：30的上班时间减去1小时中午休息时间。全天数据的标准时间均按7小时计算，除8号窗口打印EIR业务的数据为半天外，其他窗口均为全天数据，半天数据的标准工作时间按3.5小时计算。以有效工作率定义工作量饱和程度：20%以下为非常空闲；20%~40%为空闲；40%~60%为正常；60%~80%为繁忙；80%~

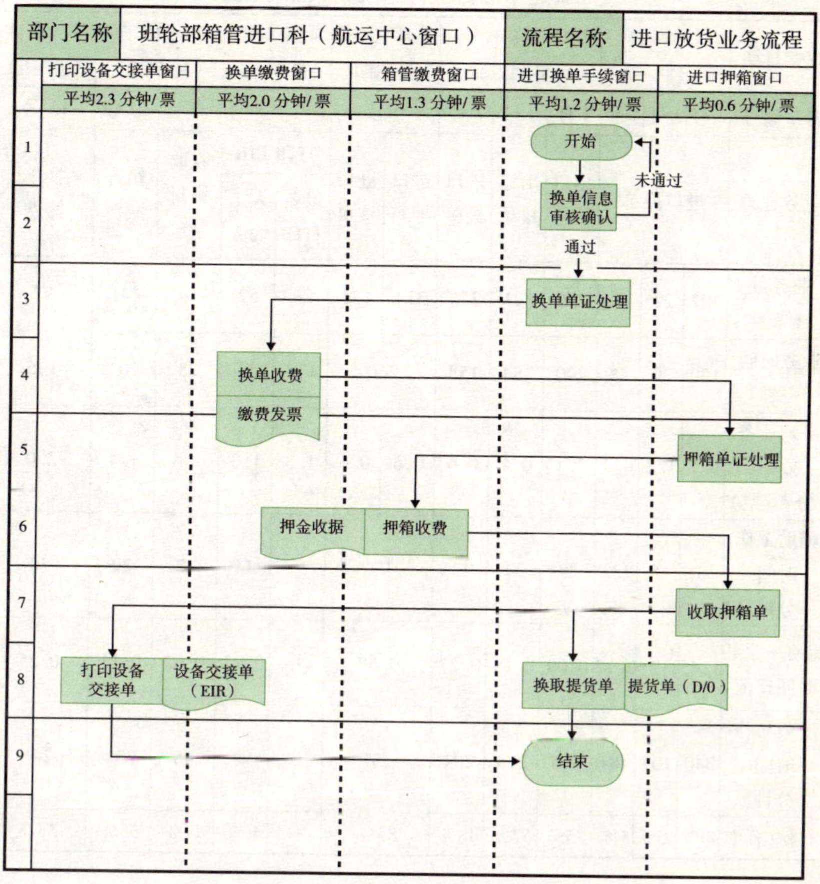

图6－1 进口放货业务流程图

90%为基本饱和；90%～100%为完全饱和；100%以上为超饱和。并据此对收集的窗口数据进行分析，得到航运中心窗口行为观察数据（见表6－2）。

表 6－2　　　　航运中心窗口行为观察数据概述表

观察日期	3月7日（星期一）			3月8日（星期二）			3月10日（星期四）		4月8日（星期五）		3月15日（星期二）		3月11日（星期五）
窗口编号	2号	3号	4号	5号	6号	7号	9号		8号			10号	13号
业务种类	进口换单			出口放箱	出口核单	进口核单	进口押箱	进口核单	打印EIR 设备打印	打印EIR 人工输入	收取铅封费	箱管缴费	换单缴费
业务量（票）	307	22	9	270	521	275	314	131	86	52	19	141	97
业务时间（分钟）	139	39	58	290	184	158	260		114	54	28	203	196
平均业务效率（分钟/票）	0.5	1.8	6.4	1.1	0.4	0.6	0.6	0.6	1.3	1.0	1.4	1.4	2.0
辅助工作时间（分钟）	201	68	123	25	34	43	97		—	44	17	29	50
辅助—业务时间比值	1.45	1.74	2.12	0.09	0.19	0.27	0.37		—	0.82	0.62	0.14	0.25
有效工作时间（分钟）	340	107	181	315	218	201	357		—	98	45	232	246
有效工作率	81%	25%	54%	75%	52%	48%	85%		—	46%	11%	55%	58%

由表 6－2 可见，各个窗口的业务量、有效工作率区别巨大。还是以进口放货业务为例，航运中心的 1～4 号窗口均负责办理进口放货业务中的进口换单手续，但他们处理的换单手续的具体情况略有不同，因此他们同日的工作量比例也存在较大差异：1 号、2 号窗口主要负责办理普通的进口换单手续，并由 2 号窗口统一负责 1～3 号窗口所打印提货单（D/O）的整理、分发；3 号窗口主要处理需要进行融舱操作的进口换单手续；4 号窗口为 VIP 窗口，为目前选定的五家 VIP 客户

提供全业务、全过程的一站式服务，即其处理的进口放货业务时除了办理进口换单手续，还为客户提供缴费、开发票、押箱、打印设备交接单等服务。由于四个窗口处理换单手续的具体情况不同，使得他们同日的工作量分配并不均匀——观察当日的换单工作量主要集中在1号和2号窗口，分别占总量的42%和52%，合计超过90%以上；而3号和4号窗口的工作量合计不足10%（详见表6－3）。

表6－3　进口换单手续窗口业务量比较表

观察日进口换单窗口的业务量数据					
窗口编号	1号	2号	3号	4号	总计
换单业务量	250	307	22	9	588
业务量比例	42%	52%	4%	2%	100%

除了各窗口工作量有差距之外，工作组在观察中发现各窗口，工作量随时间波动也很明显。即航运中心窗口的同一日期不同窗口的工作量和同一窗口不同日期的工作量均表现出明显的波动性（详见图6－2、图6－3）。

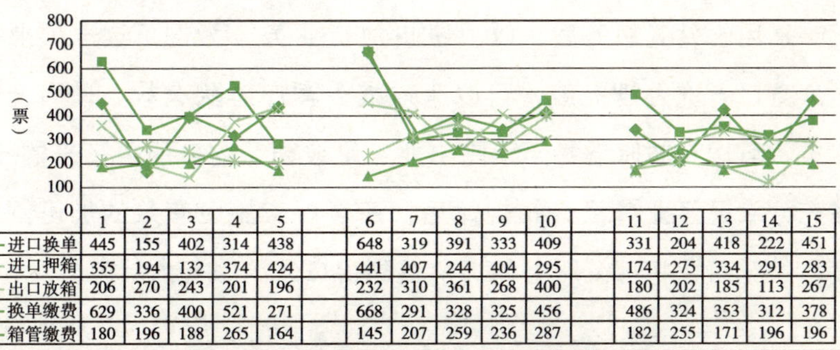

	1	2	3	4	5		6	7	8	9	10		11	12	13	14	15
进口换单	445	155	402	314	438		648	319	391	333	409		331	204	418	222	451
进口押箱	355	194	132	374	424		441	407	244	404	295		174	275	334	291	283
出口放箱	206	270	243	201	196		232	310	361	268	400		180	202	185	113	267
换单缴费	629	336	400	521	271		668	291	328	325	456		486	324	353	312	378
箱管缴费	180	196	188	265	164		145	207	259	236	287		182	255	171	196	196

图6－2　关键岗位日工作量数据图

从图 6 - 2 中不难看出，统计获得的各类业务三周（15 天）数据趋势线的跳跃性明显，不同手续环节（不同线段）间工作量数据差距明显，同一手续环节（同一线段）的最高值与最低值之间差距较大。就长期趋势而言，个别手续环节的数据趋势线呈现出一定的周期性，以进口换单手续为例，工作量数据趋势线呈现出“W”形状，即每周周二和周四的工作量明显少于其他工作日。

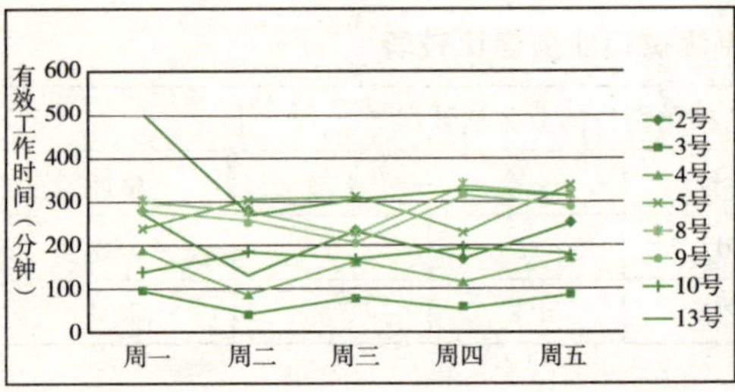

窗口编号	业务种类	标准差	均值	离散系数
2号	进口换单	60	210	0.28
3号		20	71	0.28
4号		42	147	0.28
5号	出口放箱	47	283	0.17
8号	打印EIR	43	289	0.15
9号	进口押箱	40	268	0.15
10号	箱管缴费	20	172	0.12
13号	换单缴费	92	342	0.27

图 6 - 3 关键岗位日有效工作时间

从图 6 - 3 中可见，仅从窗口数据统计来开，趋势线也存在一定的跳跃性；就日有效工作时间的离散系数①来看，2 ~ 4 号和 13 号窗口的离散系数在 0.27 ~ 0.28，其波动性较为明显，即进口换单手续窗口数据显示每日的有效工作时间波动明显。

采用一站式服务后，以“进口放货业务”为例，这一项业务在一个窗口一次办理完成，可以有效减少客户排队次数。采用一站式服务，可以有效降低甚至消除由业务量波动给窗口服务带来的压力，在充分掌握了业务量分布规律后，还可以实施更有效的加班倒休制度，甚至可以将部分服务能力前置到窗口外的服务大厅内。

① 离散系数，又称变异系数或标准差率，是各项业务数据的标准差与均值的比率，用来反映数据在单位均值上的离散程度，其值在 0 ~ 1，越靠近 1 则数据波动性越大。

二、航运中心窗口总体员工数量基本能够满足业务需求

虽然航运中心各窗口的工作量较大，但各窗口操作的复杂度与单票耗时并不高，因此各窗口的有效工作率并未完全达到饱和状态，只有个别窗口忙时出现超负荷工作现象（详见表6－4）。

表6－4　窗口有效工作率统计表

窗口编号	2号	3号	4号	5号	6号	7号	9号		8号			10号	13号
业务种类	进口换单			出口放箱	出口核单	进口核单	进口押箱	进口核单	打印EIR		收取铅封费	箱管缴费	换单缴费
									设备打印	人工输入			
平均业务效率（分钟/票）	0.5	1.8	6.4	1.1	0.4	0.6	0.6	0.6	2.3		1.4	1.4	2.0
									1.3	1.0			
有效工作时间（分钟）	340	107	181	315	218	201	357		—	98	45	232	246
有效工作率	81%	25%	54%	75%	52%	48%	85%		—	46%	11%	55%	58%

观察结果显示，航运中心各窗口的操作并不复杂，单票操作耗时均不高，在2分钟以内：就单票操作的耗时而言，效率看似最低的是4号VIP窗口，其单票耗时超过6分钟，但其为客户提供的是"进口放货"全业务服务，如此比较来看该窗口的业务效率并不比其他窗口的业务效率低；8号后方窗口打印设备交接单包括人工输入与设备打印两个过程，因此其单票耗时比VIP窗口之外的其他窗口高；其他窗口的单票耗时均在2分钟以内，最低单票耗时为出口核单手续（6号窗口）的0.4分钟，最高单票耗时为换单缴费手续（13号窗口）的2.0分钟。航运中心多数窗口的工作量均处于未饱和状态：

就有效工作率而言，只有2号和8号窗口的工作量处于基本饱和状态，其他窗口多数处于正常工作状态，而8号财务窗口在观察当日的工作量则非常空闲。即使个别窗口忙时出现超负荷工作现象，在采用一站式服务后也将通过工作量的分摊得到有效解决。

工作组观察超过一半的窗口在业务量高峰日的压力时段会出现客户拥堵排队现象。针对这一现状，工作组进行了窗口工作量压力分析(详见表6－5)。工作组定义观察日连续两小时业务密度最大的时段为压力时段；业务量比例为压力时段的业务量占观察日总业务量的比例；业务效率为压力时段的业务时间除以压力时段的业务量。

表6－5　　压力时段相关数据统计表

<table>
<tr><td colspan="2">窗口编号</td><td>2号</td><td>3号</td><td>4号</td><td>5号</td><td>8号</td><td>9号</td><td>10号</td><td>13号</td></tr>
<tr><td colspan="2">业务种类</td><td colspan="3">进口换单</td><td>出口放箱</td><td>打印EIR</td><td>进口押箱</td><td>箱管缴费</td><td>换单缴费</td></tr>
<tr><td colspan="2">最高日业务量</td><td>338</td><td>24</td><td>10</td><td>400</td><td>221</td><td>441</td><td>144</td><td>223</td></tr>
<tr><td rowspan="3">压力时段</td><td>业务效率（分钟/票）</td><td>0.4</td><td>1.3</td><td>6.3</td><td>1.0</td><td>1.0</td><td>0.5</td><td>1.5</td><td>2.1</td></tr>
<tr><td>业务量比例</td><td>56.0%</td><td>81.8%</td><td>66.7%</td><td>38.1%</td><td>73.2%</td><td>52.9%</td><td>45.4%</td><td>45.4%</td></tr>
<tr><td>辅助—业务时间比值</td><td>0.68</td><td>1.08</td><td>0.55</td><td>0.10</td><td>0.53</td><td>0.10</td><td>0.02</td><td>0.04</td></tr>
<tr><td colspan="2">最高有效工作率</td><td>106%</td><td>87%</td><td>55%</td><td>140%</td><td>206%</td><td>107%</td><td>83%</td><td>184%</td></tr>
<tr><td colspan="2">达到饱和工作日数</td><td>1</td><td>0</td><td>0</td><td>6</td><td>13</td><td>5</td><td>0</td><td>11</td></tr>
</table>

从压力分析的结果上可以看出，2号、5号、8号、9号、13号窗口在工作量高峰日的压力时段均会超负荷工作，可能发生客户拥堵排队现象，其中8号和13号窗口发生拥堵排队的频率较高，而5号和9号窗口也会时有发生，2号窗口则偶尔发生。其他窗口的压力分析结果显示其工作量并没有达到工作量饱和，如果能够将业务咨询之类的辅助工作分离到窗口外，目前人员能够应付压力时段工作

量。而当日工作量处于低谷时，可以适当安排员工倒休。

三、依据业务效率配比原则，单证处理人员与财务收费人员的配置比例为 1:1 较为合适

航运中心各窗口的工作效率因其操作复杂度不同而存在差异，经不同窗口的效率配比分析，当单证处理人员与财务收费人员的配置比例为 1:1 时，更有利于成本与效率的平衡。

四、适当增加节点设备能够有效提高当天业务的办结率

目前由于个别节点设备（如打印设备交接单的打印机）的负荷较大，耗时较长，导致部分客户无法当天办结业务；将此部分业务剥离出来集中管理，并适当增加此类节点设备，能够有效提高效率，保证客户能够当天办结业务，对整体业务效率也有着积极影响。

关于流程梳理与工作分析的细节，本书举出以上实例后不做进一步的详细描述。基于业务的全面细致的分析，工作组开始着手撰写具体的服务技术标准、服务管理标准。针对航运中心窗口分析的四个主要观点，工作组对服务过程进行了重新设计，对服务资源提出了全新的要求，对服务质量制定了明确的标准。根据新的服务过程、服务资源、服务质量的要求，确定了 21 个有效的服务要素（详见表 6－6），5 个有效的服务行为：服务大厅客户引导、进口放货、出口放货、进出口核费、客户投诉处理。

表 6-6　　航运中心窗口服务技术标准—服务要素表

技术领域	服务要素					
人员素质	服务人员着装规范	服务人员身体语言规范	员工情绪管理	—	—	—
环境设施	航运中心服务功能区划分	航运大厅人性化服务设施	客户等候休息区设施	服务窗口设施	办公桌物品摆放	—
沟通机制	首席员工代表制	值班经理体验	客户邮件询问信息反馈	客户电话询问信息反馈	收发邮件	打电话
信息技术	远程视频监控系统	互联网自助查询系统	—	—	—	—
服务举措	客户投诉处理	满意度调查	客户情绪管理	服务评鉴	魔方管理	—

因为航运中心窗口服务的特殊性，服务流程相对简单，而对服务资源、服务环境、服务人员素质的要求比较多，故服务要素数量远远多于服务行为。由于篇幅原因，下面仅列举一个服务要素（详见示例 6）、一个服务行为，STAR 服务技术标准、服务管理标准就是由这样的一个个具体的要素和行为标准组成。

示例 6：

编码	服务要素	技术领域
TEF-2	航运中心人性化服务设施	环境设施

1. 目标与宗旨

为了让客户体验到人性化的服务，按照方便客户的原则，设立一些人性化设施，提升服务水平。

2. 规范性要求

（1）在航运中心大厅安装了电视、无线路由器以及多功能电子钟等，以方便客户等待过程中接收信息。

（2）在航运中心服务窗口的显著位置设置电子屏幕，滚动显示天津外代企业文化相关内容、业务办理流程、窗口服务功能、业务服务电话等信息。

（3）服务窗口设置供办理业务的客户使用的座椅、签字笔等，服务柜台高度的设计从人体工学的角度，高度设定为80厘米，便于客户书写和操作；各窗口之间设置一米分隔线，采用公司统一的蓝色PENAVICOTJ标志，分隔每个窗口，避免了拥挤等候。

（4）每个服务窗口服务人员标志牌都摆放在明显固定位置，要求标志牌醒目、评价器功能完好。

（5）设立窗口工作时间提示牌，明确窗口服务工作时间及业务高峰时间，方便客户合理安排、选择业务时间。

（6）航运中心服务窗口使用排号系统以建立良好秩序，在服务窗口入口处设置查询机、叫号机、配置专职服务人员，引导客户使用查询机进行办理手续查询和办理手续排号，并指引客户到等候区域等候。

（7）设置宽敞明亮、温馨的客户自助、等候及休息区，等候及休息区配备桌椅和绿色植物，为客户营造了舒适整洁的等候空间，有效缓解了客户的焦急情绪；将等候区分成几个“U”形区域设计，既整齐美观，又充分利用了空间。同时在每个区域放置了写字桌，方便客户填写和处理单据。

（8）等候区域设置饮水机、纸杯供客户等候期间使用，设置行业报刊、杂志栏供客户等候期间取阅。

3. 及时性要求

(1) 公司业务发生变动时，应于当日及时调整电子滚动屏幕中所公示的相应业务流程和窗口服务功能。

(2) 随时检查服务窗口签字笔、饮用水的使用情况，发现空缺及时更换补充。

(3) 每日上班前由专人将所有人性化服务设施清洁一遍。

4. 准确性要求

(1) 定期检查各项服务设施，保证服务设施完好，为客户提供有效服务。

(2) 公示前认真检查滚动屏信息，保证公示的业务流程和服务项目内容准确，无错别字。

5. 经济性要求

明确公示办理每项业务所需的全部手续，减少客户往返次数以节约客户时间与精力。

为采取一站式服务方式，工作组重新梳理绘制了业务流程，“进口放货、出口放货、进出口核费”三项业务由三个完整独立的流程完成，窗口由此分为三类，分别针对三项业务。“服务大厅客户引导、客户投诉处理”两个流程则由新设置的服务大厅引导员执行。服务行为继续使用“进口的放货业务”举例，体现 STAR 服务管理标准中“进口放货”的服务行为在 STAR 工作地图四个维度上的要求（详见示例7）。

示例 7：

STAR 服务标准——服务点清单进口放货（服务点综述）

编号	服务点	岗位
略	进口放货	航运中心窗口

目标与宗旨

为了及时、准确地完成进口货物的物权交接和提箱权转让，按照委托方和公司规定与要求，审核客户相关手续，收取客户相关费用和押金，为其签发提货单和设备交接单。

STAR 匹配性	S：规范性	T：及时性	A：准确性	R：经济性
	语言行为	相对时间	对象	安全
	仪容仪表	标准操作时间	信息	人财物
	程序内容	发生频率	方式	增值

S：规范性

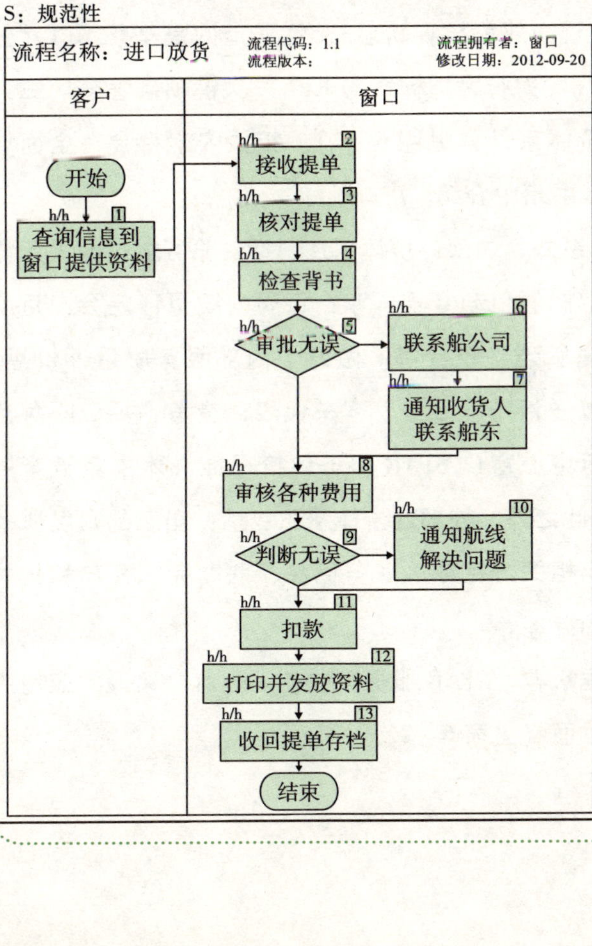

T：及时性

标准操作时间 3 分钟/票

A：准确性

1. 审核出现问题时及时联系航线员解决问题

R：经济性

1. 严格按照流程操作，并且认真核对信息，避免操作失误或信息遗漏

2. 班轮进口单证操作——基本服务

服务行为的流程说明等其他标准文件在此不一一列举了，五个服务行为串联起来就是航运中心窗口服务线。基于一站式服务方式要求，及现金交易烦琐等问题，天津外代定制了业务信息化系统，并在同行业中率先使用了智能 IC 卡收费模式。通过该模式，有效简化了客户缴费手续，大幅节省了清点、收取现金的时间，提高了业务办理效率，最大限度地降低了业务办理过程中的差错率，既有利于客户的服务体验，同时也有利于企业的风险控制。

最后执行 STAR 服务模式第五步，建立内外部评价体系。在我所管理的企业里，人力资源部门运用 3PTS 管理体系下的 3K 管理（KPI/KCI/KPA）实现内部考核评价。3K 管理指的是基于 KPI（关键绩效指标）、KCI（关键行为指标）与 KPA（关键项目管理）三大指标建立的考核评价体系（详见图 6－4）。相关内容将会在全面均衡管理系列丛书后续书籍中介绍。

除了 3K 管理体系外，内部评价体系还包括：服务窗口的天天体验；公司定期、不定期的滚动专项内审；每周的质量评定会；月度业务例会；年度质量管理评审会等。做好了内部服务质量评价后，工作组借助外部力量邀请行业专家、客户代表，参考了多个服务评价标准，制定了航运中心窗口 STAR 服务评价标准（本书第五章中有详细的描述）。除此之外，外部评价体系还包括：船东的月度服务评鉴；与船东/客户/相关方定期的业务例会、联席会；客户和相关方定期做的针对性的评鉴。

从整个导入过程来看，STAR 服务模式在星级窗口建设的应用主要体现在以下 7 个方面（见表 6－7）。

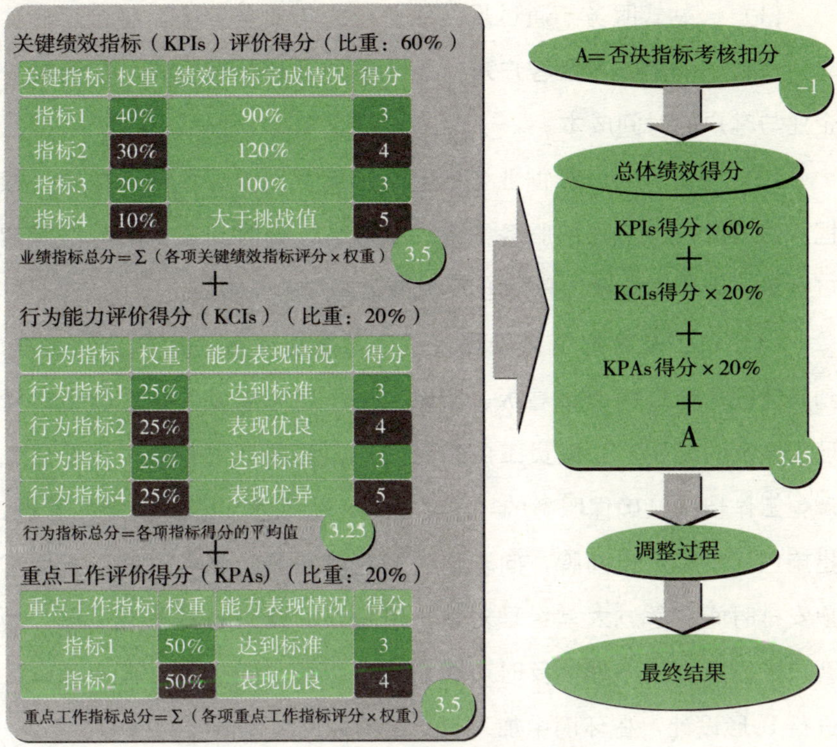

图6-4 3K管理绩效考核模型图

表6-7 星级窗口建设

序号	窗口服务内容	规范性	及时性	准确性	经济性
1	一站式服务	√			√
2	魔方组合		√		
3	员工及客户情绪管理	√			
4	每日客户体验			√	
5	看板管理	√			
6	6S管理	√			
7	VIP预约服务		√		√

（1）一站式服务：通过规范服务行为与业务分类，整合窗口功能，实现一个窗口满足客户对常见业务办理的所有需求，从而减少企业与客户的时间成本。

（2）魔方组合：根据业务的复杂程度，划分业务组合方式，根据不同的客户、不同的服务需求、业务高低峰时间段，随时增减窗口数量，以不同业务流程组合及时满足客户的需求。

（3）员工及客户情绪管理：从公司重视以人为本的文化氛围，到具体服务窗口的心情看板、茶歇制度、晨会制度等，鼓励窗口管理人员及时发现、了解员工的情绪波动，开展有效疏导，帮助员工调整工作情绪，确保服务的规范。同时，全面考虑客户情绪的管理，措施包括：运用告知牌，向客户告知客流波峰、波谷时间，方便客户安排时间；通过大堂经理对客户流量、心情进行观察、了解，为客户进行业务预办理，及时对客户进行引导、安抚；对客户等候区进行U形设计，在环境中加入有助缓解客户烦躁情绪的绿植、引水、杂志等人性化设施。

（4）每日客户体验：以准确发现客户遇到的困难为目的，窗口当天的值班经理要做一次客户体验，在业务高峰时段跟随一个客户走完从业务办理开始到办理完结的完整流程，写出体验日志并提出改进建议。通过这种换位体验，服务工作中潜藏的问题将更容易被发现，也能够在第一时间内被及时化解。

（5）看板管理：以简洁易懂的看板形式，对服务流程、服务疑问、服务形象、企业文化等进行美观的设计展示，既展示窗口服务的规范形象，也帮助客户清晰了解窗口的规范操作步骤，了解窗口的服务水平和服务理念，增进窗口与客户之间的互动。

（6）6S管理：在窗口启动“整理、整顿、清扫、清洁、自律”的5S管理，对原有的工作模式以及窗口进行系统化的革新，同时，根据窗口服务的特点，增加第6个“S”——SMILE，这也是实现“星标准”与“心服务”相连的一次创造性的尝试。“SMILE”以微笑影响、感染客户情绪，让客户在业务办理中心情得到了放松，放下了焦虑与浮躁，感受到窗口服务春天般的温暖，从而形成了我所管理的企业所适用的6S管理。

（7）VIP预约服务：对企业的所有客户，提供预约服务，同时，对预约服务进行恰当的分类——VIP客户可根据需要提出任何时间段的业务办理预约；一般客户可在非高峰时间段提出业务办理预约。由大堂经理负责预约窗口的起止和魔方管理的调整。

“星标准 心服务”——客户满意、员工满意和企业满意

在STAR服务模式导入后，航运中心窗口建成了占地面积近1000平方米的服务大厅，现有业务人员27人，配备有电脑、打印机、电视、叫号机、自助查询机、现代化的办公设备和人性化的服务设施，能为客户主要提供包括进口放货、出口放提、进出口核费等在内的多项服务，每天的单证处理量在1500票左右（详见图6-5）。

图6-5 航运中心窗口服务大厅

航运中心窗口按 STAR 服务技术标准的要求将大厅分为客户等候区和员工办公、休息区两大部分，员工办公、休息区又分为会议室、茶歇间、档案室等区间（详见图 6 –6）。

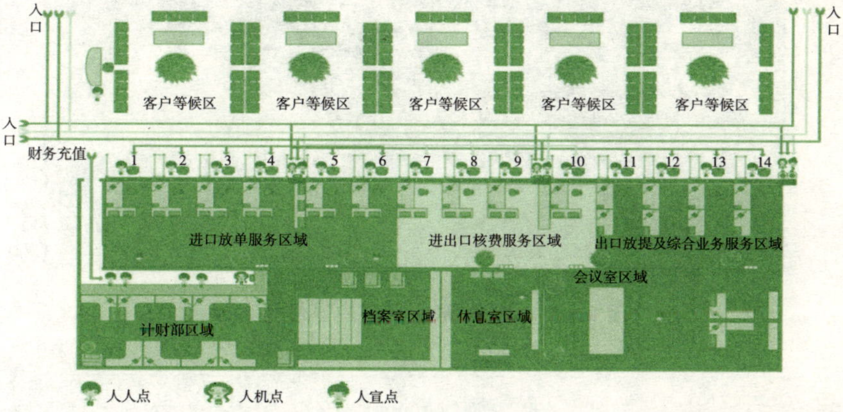

图 6 –6　大厅功能分区图

航运中心大厅人性化的自助服务设施，为客户提供方便快捷的服务。宽敞明亮的客户自助、等候及休息区配备有桌椅和绿色植物，为客户营造了舒适整洁的等候空间，有效缓解了客户的焦急情绪。“U”形等候、休息区设计，既整齐美观，又充分利用了空间。同时在每个区域放置了写字桌，方便客户填写和处理单据（详见图 6 –7）。

柜台前的客户座椅安排方便客户等候，一米分隔线的摆放和设计采用公司统一的蓝色 PENAVICOTJ 标志，分隔每个窗口，避免了拥挤等候。为保证客户的舒适度，服务柜台高度的设计从人体工学的角度，高度设定为 80 厘米，便于客户书写和操作（详见图6 –8）。

服务大厅设置取号机及提示牌，方便客户办理业务取号，顾客可根据取号机显示的内容分别选取不同业务，根据叫号机分别到窗

图 6－7 “U”形大厅客户等候休息区

图 6－8 窗口柜台区设置

口办理相关业务。除此之外，窗口大厅还设置有两台查询机，供客户查询业务相关信息，避免因信息获取不及时导致客户的相关损失；

设立有饮水机及指示牌，方便客户饮水（详见图6－9）。

图6－9　看板管理—航运中心人性化设施

除了以上的设施环境变化，STAR 服务技术标准中的 21 个服务要素覆盖了服务环境、服务设施、员工素质、日常工作的方方面面，明确的标准要求让企业管理者和员工都找到了努力工作和改善服务的方向。而服务管理标准的规定和全新的业务信息化系统，完全改变了航运中心窗口服务的方式。服务窗口业务功能分为四类（详见图 6 - 10），工作组根据业务量数据及压力测试结果确定了各类窗口数量。

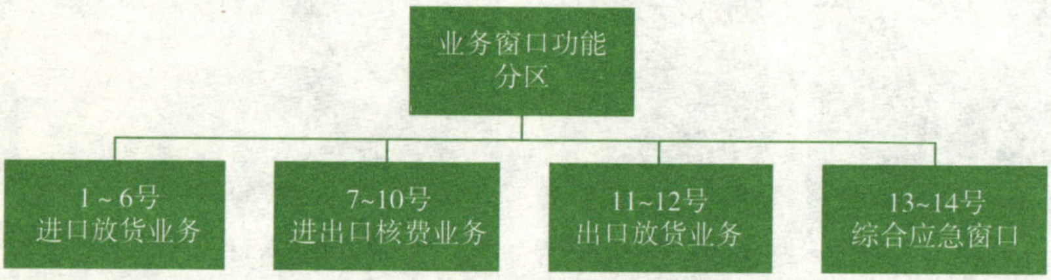

图 6 - 10　窗口功能分区图

航运中心根据 STAR 服务管理标准中服务行为的程序流程，绘制出了简单的业务办理流程图，在服务大厅悬挂公示，既方便客户了解工作过程，也提醒员工必须参照标准程序执行，不能擅自改变（详见图 6 - 11）。

“5 日滚动互动”信息化平台保证了各业务环节顺畅运转。通过 5 日滚动平台及时反映每一关键业务环节的运行情况，对业务中出现的问题进行有效干预、及时监控，将滚动协同四维管理法与 STAR 服务标准落实于日常业务操作中，是每个业务节点环环相扣，保证了整个业务链条的运转连贯、无缝（详见图 6 - 12）。

STAR 服务模式的运行为航运中心窗口带来了翻天覆地的改变。变革之前航运中心杂乱不堪的办公环境，变得宽敞、明亮、整洁（详见图 6 - 13）。图 6 - 13 中上两图为运行 STAR 服务模式前，航运

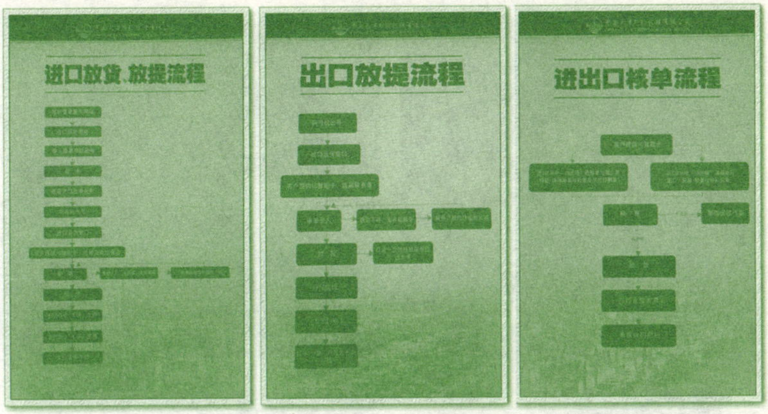

图 6－11　看板管理—业务办理流程图示

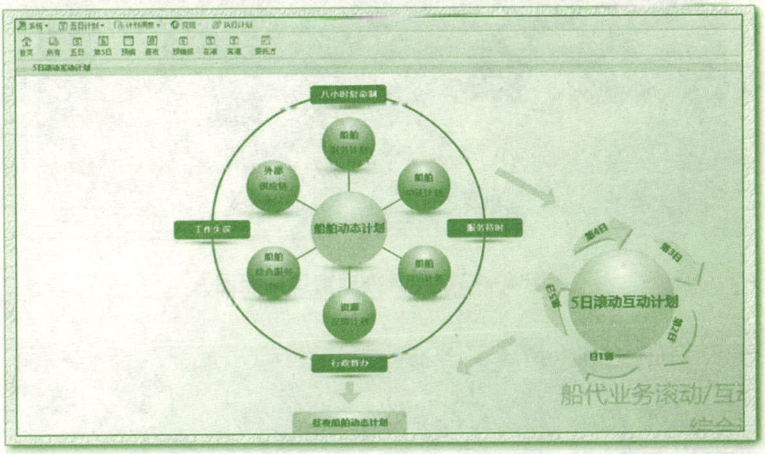

图 6－12　5 日滚动信息化平台界面图

中心窗口办理业务及后天处理单证的景象；下图为现在窗口办理业务的情景。

变革之前的拥挤不堪，窗口客户区排队混乱的情况，客户抱怨不断的环境，都随着 STAR 服务模式的有效运行消失了（详见图 6－14）。图 6－14 中左图为变革前窗口实拍情景，右图为现在窗口实拍情景。

图 6－13 业务办理窗口比照图

图 6－14 业务办理区比照图

航运中心每月一次的服务质量客户满意度调度数据显示，从 2010 年开始实施 STAR 服务模式以来，客户对航运中心服务质量满意度随着服务模式的日益运行熟练，到2011年年中以后基本保持在94%满意以上（详见图6－15）。

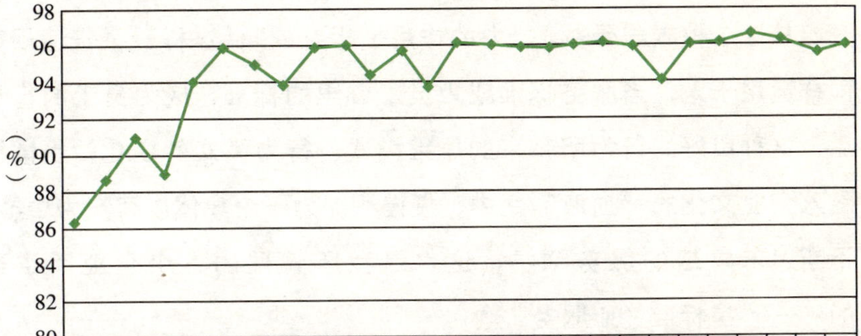

	1007	1008	1009	1010	1011	1012	1101	1102	1103	1104	1105	1106	1107	1108	1109	1110	1111	1112	1201	1202	1203	1204	1205	1206	1207	1208	1209
分数	87	89	91	89	94	96	95	94	96	96	95	96	94	96	96	96	96	96	96	96	94	96	96	97	96	95	96

图6－15　服务质量客户满意度调查

航运中心2012年4～9月的数据统计，按照窗口业务“进口放货、出口放货、进出口核费”划分进行数据分析结果如下：进口放货客户等待时间不超15分钟；业务办理时间不超5分钟；进出口核费客户等待时间不超20分钟，业务办理时间不超2分钟；出口放货客户等待时间不超15分钟，业务办理时间不超2分钟。航运中心窗口整体业务处理效率与2010年同期数据比较改善明显（详见表6－8）。

表6－8　业务效率比较表

效率比较项	2010年4～9月	2012年4～9月
一次性解决率	50%	95%～100%
客户等待时间	60分钟左右	20分钟以内
单票处理时间	30分钟左右	5分钟以内

至此，STAR服务模式在窗口成功导入。然而，这仅仅是STAR服务模式在提高企业整体服务质量作用上的“冰山一角”。随着STAR服务模式各项标准的完善，越来越多的员工、越来越多的工作开始从这个模式里受益。“力的作用是相互的”，这样一个普适规律同样适用于人，当服务标准成为员工心里的标准，成为员工的行动后，这种良好的行为所带来的思维模式、行为模式的变化，也慢慢融入企业文化的“血液”之中，慢慢积淀为一个集体以客户为中心，不断追求卓越的服务精神，这也是我所管理的这个企业所讲述的——“星标准　心服务”。

后　记

STAR服务模式是在实践中总结、提炼出来的管理方法，它在企业管理中发挥着保障服务质量的基础作用，不论是滚动协同四维管理法、准时交付（OTD）管理法，还是后续即将出版的3PTS管理，都离不开STAR服务模式打造的服务质量基础。时至今日，天津外轮代理有限公司先后获得了全国实施卓越绩效先进企业、天津市质量管理奖、五星级窗口等荣誉与奖项，这是各位领导、专家与学者对企业的肯定，也是对优质服务背后的STAR服务模式的肯定。作为服务业企业，对服务质量的追求永远不变，但追求质量的方法却各有不同。STAR服务模式也像所有的管理方法一样，有其适用的环境和范围，生搬硬套就会流于形式，得不到应有的效果。在我所管理的企业里，STAR服务模式也并非是一成不变的，它也会随着企业经营环境、客户需要变化、管理方法创新不断地调整和优化。

服务业包罗万象，服务业企业千差万别，本书希望传递的是管理思想和实用工具，如果它能够为你所用，帮助企业改善服务质量，这是我的荣幸；如果它触动了你的管理灵感，也无须拘泥于形式，只要能为客户创造价值，你可以建立符合你所在行业的服务质量分析维度、服务标准。

管理就是效益，管理就是利润，管理的分享让更多的管理者相互学习、不断进步，这种价值最终属于社会。

许景宏

2013 年 6 月